アスペルガー症候群のある子どものための新キャリア教育

本田秀夫・日戸由刈 編著

小・中学生のいま、家庭と学校でできること

金子書房

はじめに

　この本は，アスペルガー症候群の人たちの家族や支援者が，この障害について正しく理解し，確かな見通しを持って，将来社会に出ていくための準備を学齢期の段階から進めていくためのガイドブックです。アスペルガー症候群の中学生の家族と支援者はもちろんのこと，できれば小学生の家族や支援者に，ぜひ読んでいただきたいと思います。

　小中学生の年代のアスペルガー症候群の人たちは，日々の学校生活や家庭生活の中で様々な問題に直面しています。学生の本分である勉強をはじめとして，習い事や塾，部活などもあり，ただでさえ毎日が忙しくて疲れます。友達ができないことで悩んだり，いじめに遭ったり，あるいは家庭で親から叱られたり，対人関係においてもストレスが多い毎日です。家族にとっても，アスペルガー症候群の子どもをどのように育てていけばよいのかわからず，試行錯誤が日々続きます。目の前に問題が山積しているのに，「キャリア教育」と言われてもピンとこない，そんな声が聞こえてきそうです。

　でも，ちょっと考えてみましょう。一般の小中学生ならば，日々の学業や生活をこなしながら同時に将来設計を考えることは，当たり前のことかもしれません。しかし，複数のことを同時に配慮するのがとても苦手なアスペルガー症候群の人の場合，自分の将来設計と日々の生活をこなすこととの両立は，とても難しいのです。本人は，目先の生活をこなすことに精いっぱいです。いざ就労が目の前に迫ってきたときにはたと気づくと，社会人として身につけておくべき大事なことを学び損ねていた，という事例を成人期の支援者はよく経験します。私たちが多くのアスペルガー症候群の人たちやその家族と接してきて感じるのは，就労して社会人としてやっていくために必要なことは，小中学生時代の日々の目先の大変さの延長上には必ずしもない，ということなのです。むしろ，その時期にこそやっておきたい大事なことが別にある。それが，キャリア教育なのです。

　ただし，キャリア教育といっても，仕事の実習をどんどんやりましょうというわけではありません。自分が将来仕事に就き，社会の一員として何らかの役

割を担う大人になるというビジョンを持たせることが，キャリア教育の第一歩です。そして，自分の適性について自信を持って自覚でき，自分の進路を自分で考え，かつ周囲の人に相談しながら目標を持ち，それに向けて必要な力を身につけようと自ら努力する。そのような意欲を育てることがキャリア教育です。アスペルガー症候群の人にとってキャリア教育とは，自分の発達特性を肯定的に理解し，特性に応じた将来設計を自分で行おうとする意欲を育てることに他なりません。そして，そのためにはまず家族がアスペルガー症候群について理解を深め，子どもに必要なこと，必要でないこと，家族がすべきこと，すべきではないことをなるべく早く整理しておくことが重要となります。

　この本の第1章では，3人の事例を通じて，アスペルガー症候群の人たちの社会参加についての基本的な理解を深めていきます。第2章では，アスペルガー症候群の人たちが普通にやっていくことがなぜ困難なのか，その理由を考えてみます。第3章では，本人の将来に向けて，まずは家庭で着手すべき準備作業について，具体的に提案します。第4章～第6章では，思春期における支援者や仲間との関係の築き方の例を紹介します。第4章では医療現場での支援について，第5章では教育現場での支援について，そして第6章では地域での余暇活動の場を通じた支援について，事例を通して具体的に述べます。全体のまとめである第7章では，ライフサイクルを通じた親や支援者の心がまえを確認します。家族が何をすべきかだけでなく，何をすべきでないかについても述べています。巻末には，アスペルガー症候群の支援に関する専門機関や支援の場の概要，利用方法をまとめて付録として掲載しました。

　この本が，アスペルガー症候群の小中学生とその家族にとって，新たな視点を開くものとなることを願ってやみません。

2013年1月

本田　秀夫

目　次

はじめに　i

第1章　社会参加できている青年たちから学ぶこと ― 1

■3人のアスペルガー症候群の青年たち …………… 1
大学を卒業し，アルバイト生活を続けるAさん　1
高校を中退して就職したBさん　6
特別支援学校を卒業後，仕事と趣味を両立しているCさん　9

■社会参加できている人には理由がある …………… 12
"うまくいっている"感は，人それぞれ　12
社会参加できている人は，どこが違う？　13

第2章　普通に仕事をすることが，なぜ難しいのか ― 16

■アスペルガー症候群の人たちの心理的な特徴 ……… 18
同時総合機能がうまく働かない　18
心理化が働かない　19
少数派であるための不便さ　20
誤った対処方法　21
諦めや回避の姿勢　21

■就労への道のりに存在するバリア ……………… 22
就職活動期　23

職場定着期　26

■**就労支援サービス** ……………………………………………………… 30
　歴史的経緯　30
　就労支援サービスの仕組み　31
　就労支援サービスのメリット　32

■**まとめ──基本は本人の気持ちと，家族のサポート** …… 33

第3章　家族は何をすべきか　　　　　　　　　　36

■**生活スキルを教える** ……………………………………………… 36
　生活スキルの発達　37
　アスペルガー症候群の人たちにとっての落とし穴　38
　『わが家ルール』で教えよう　38
　身につけることが難しい生活スキル　42

■**家事分担を促す** …………………………………………………… 44
　最初は簡単な手伝いから　44
　本格的な家事労働の分担　45
　アルバイトの経験　46

■**対人スキルを教える** ……………………………………………… 47
　人間関係をよくする「ちょっとした一言」　47
　「すみません」　48
　「どうぞ」「ありがとう」　49
　「楽しかったね！」　49
　「残念だったね！」「ドンマイ！」　50
　エチケットやマナーは紙に書いて教える　51
　言葉が先にあれば，感情や価値は後からついてくる　51

■**子どもの楽しさを尊重する** ……………………………………… 52

多数派の人たちと異なる，特有の楽しさ　53
　　　「黒ひげゲーム」にみる，楽しみ方の違い　53
　　　他者と楽しさを共有すること，他者から尊重されることの難しさ　55
　　　やってみよう！　こちらからの歩み寄り　56
　　　尊重する姿勢こそが何よりも大切　57

　■おわりに──親離れ・子離れの難しさ ……………… 57

第4章　医療機関の役割　60

　■Aさんの事例から見えてくること ……………… 60
　■アスペルガー症候群の人たちの「思春期」 ……… 62
　■思春期にひそむいろいろなリスク ……………… 64
　■医療機関での相談の開始に向けて ……………… 64
　　　困り感に欠ける本人　64
　　　新たな動機づけ　66
　　　まずはスタートラインに立つこと　68
　■医療機関で行われること ………………………… 69
　　　「主訴」の把握　69
　　　親への診断告知　70
　　　発達の特性への理解促進と，対応についての助言　71
　　　本人の診療　72

第5章　思春期の生徒に学校教育ができること　75

　■本人が自己モニターする機会を設定する ……… 75
　■「気持ちの整理と行動の調整」を練習する ……… 78

- ■望ましい行動を獲得する ……………………………………… 83
- ■問題を整理し，意味づけ，理解し，対策を考える ……… 85
- ■自己理解を深め，自己肯定感を引き上げる ……………… 88
- ■少し変わっているけれど，にくめない性格に育てよう … 93

第6章　地域の中の余暇活動支援でできること ― 96

- ■余暇活動支援はなぜ大切か ………………………………… 96
  - 余暇活動を人といっしょに楽しめない理由　97
  - 余暇活動から心理的活動拠点づくりへ　97
- ■地域での余暇活動支援と仲間づくりの実践 ……………… 99
  - きっかけは，仲間といっしょの教室通い　99
  - 子どもが楽しむための，大人の理解と歩み寄り　100
- ■共通の興味を鍵にした『趣味の時間』プログラム …… 102
  - プログラムを行う条件　102
  - 大人の役割　104
  - 期待される効果，さらに増強する方法　106
- ■余暇活動と仲間関係がもたらす精神的な効果 ………… 109
  - 子ども同士の自律した活動を促す工夫　109
  - 青年期になると，予想外のトラブルも　110
  - アスペルガー症候群の人たちにとっての，自律と社会性　112

第7章　ライフサイクルを通じた，家族の心がまえ ― 115

- ■大人になったとき，最低限必要なこと ………………… 115
- ■成長の鍵は，思春期にある ……………………………… 118

目　次

- ■思春期より前に取り組みたいこと ……………………… 120
  - 教科学習よりも心の健康　120
  - 自信と現実感の得られる生活環境づくり　122
  - 合意の習慣を通じた自律と社会性の育成　124
- ■「支援つき試行錯誤」：試行錯誤する本人，それを支える家族 … 126
  - 試行錯誤できる人は成長し続ける　126
  - 親の子離れと「黒子（くろこ）」への転身　127

付録　備えあれば憂いなし！　知っておきたい，アスペルガー症候群の人たちのためのサポート INDEX ── 131

- ■年齢を問わずに利用可能な相談機関・サービス ……… 131
- ■就学前〜学齢期に利用可能な支援機関・サービス …… 134
- ■青年期・成人期以降に利用可能な支援機関・サービス … 138

あとがき　142

本文イラスト　萬木はるか

第1章
社会参加できている青年たちから学ぶこと

　ここに，3人のアスペルガー症候群の青年を紹介します。3人は，いずれも私たちがこれまでに関わった数多くの事例の特徴を合わせた架空の人物です。経歴は様々ですが，3人ともそれぞれのやり方で社会参加しています。

■ 3人のアスペルガー症候群の青年たち

大学を卒業し，アルバイト生活を続けるAさん

　Aさんは，小さい頃から何をするにも行動が遅い子どもでした。集団生活にうまく乗れないことを幼稚園の先生から指摘されて，4歳のとき母親が地域の保健師に相談しました。5歳のとき，保健師から紹介された発達障害専門の医療機関*を受診したところ，「自閉症の軽いタイプで，おそらくアスペルガー症候群でしょう」と言われました。その後，医療機関での相談を1年間続けました（*を付した用語は巻末の付録で解説しています）。
　小学校の通常学級に就学しましたが，両親は「みんなといっしょについていけるか」と，とても心配しました。特に母親は，毎晩Aさんといっしょに翌日の持ち物をそろえ，宿題が出されるとつきっきりで教えました。Aさんは，学校の先生や母親の指示に対して，いつも言われるままでした。学校を休むことをAさんが嫌がったので，いつの間にか医療機関へは通院しなくなりました。Aさんは体育や運動が苦手で，休み時間にいっしょに遊ぶ友達もいませんでし

たが，給食や掃除の当番，係活動などを黙々とこなすおとなしいタイプで，クラスの中であまり目立つことがありませんでした。

小学校高学年になる頃には，学業成績はクラスでトップになりました。進学塾に通い，中高一貫の私立学校に見事合格しました。運動面の苦手意識を克服させたいと思った母親は，Ａさんに中学では運動部に入るように強く勧めました。Ａさんはしかたなくバドミントン部に入りましたが，シャトルはラケットに当たらないし，ネット張りや部室掃除であまりにも要領が悪いので，他の部員たちからは疎まれるようになりました。やがてＡさんは，帰宅するとすぐに自室にこもり，食事と入浴以外はずっとテレビを観たり，ゲームに没頭したりするようになりました。次第に朝も起きられなくなり，学校を休むようになりました。

両親は心配して，Ａさんを連れてかつての医療機関をもう一度受診しました。主治医は，Ａさんが軽い抑うつ状態にあると判断し，薬を処方しました。また，両親が学校と相談してバドミントン部の退部が認められたので，元気を取り戻したＡさんは登校を再開することができたのでした。

高校生のときのＡさんの学業成績は平均以上でした。両親は，「あまり人づきあいが好きではないようだが，それも本人の考えなのだろう」「大学に行けば自分のやりたいことが見つかるだろう」「そのうちバイトでもするようになれば仲間もできるだろう」と思うことにしました。

高校２年生の後半になり，家族は志望校選びをＡさん自身に任せたので，Ａさんはインターネットを使って自分の学力に合う大学を探すことにしました。学校でのクラスメートの会話から，「理系の方が就職に有利だ」と耳にしており，本人も国語や社会よりも数学や物理の方が得意と感じていたため，志望校は理系の大学にしました。

高校の授業と定期試験は着実にこなしていましたが，大学受験のための勉強は特にしなかったので，高校３年時に受けた大学はすべて不合格となりました。

母親は，Aさんに合いそうなきめ細かい指導をしてくれる予備校を探しました。そこで受験勉強用のカリキュラムを真面目にこなし，1年間の浪人生活を経て見事志望校に合格しました。

　喜んだのもつかの間，大学入学後に困難が訪れました。大学では，必要な授業は自分で選択します。Aさんのような理系の場合，多くは専門領域を決める3年生までに，決まった単位を取得しなければなりません。今まで受けてきた授業のカリキュラムは，すべて学校や予備校が決めてくれたものでした。またこれらの授業は，大学合格という極めてシンプルでわかりやすいことを目的としていました。ところがいざ大学に入学してしまうと，こんどは何を目的に，どんな授業をとればよいのかわからず，Aさんにはまったく決められませんでした。

　しかたがなく手当たりしだい選択しましたが，「とても厳しい」と学生の間で代々伝えられている授業を知らずに選択してしまい，その単位は取得できませんでした。同級生たちは，サークルやアルバイトで知り合った先輩や友達からの情報を得て授業を選択し，レポートの課題が出されたときや試験の前にも対策を練っていました。しかしAさんは，大学でこうしたネットワークを築くことがまったくできませんでした。同級生たちの関心事や話題は少しも気にせず，マイペースにレポートや試験に臨み，通学を続けていました。結局Aさんは，専門領域に進むために3年生までに必要だった単位を取得できず，留年となったのです。

　留年すると聞いた家族は驚きましたが，「しかたがない。小さい頃から，何をするのも普通の子どもより遅かったのだ。大学を卒業するのも，人より時間がかかるのだろう」と思うことにしました。

　卒業後の就職については，今から準備をさせた方がよいと考え，Aさんにアルバイトを勧めました。気乗りのしなかったAさんは，自分からアルバイト先を探そうとしなかったので，母親がアルバイト先を熱心に探し，履歴書の書き方，面接の受け方まで教えました。Aさんは家の近所の小さなスーパーで，土日の午前中という客の少ない時間帯に，レジの仕事に就くことになりました。駅から離れた比較的のんびりした店舗であったため，Aさんは自分のペースで仕事をこなすことができ，その働きぶりが店長にも評価されました。

しかし大学では，留年を3回繰り返すに至り，教官の間でAさんの存在が話題になりました。学生相談室*が関与して，Aさんをサポートする体制が組まれることになりました。教官の1人が授業の取り方を具体的に指導し，教務課の職員たちがレポートや必要書類の提出をAさんに催促してくれました。すると，Aさんはレポートや書類をきちんと仕上げて，早々に提出するようになりました。

　こうして必要な単位を取得し，Aさんは3年生に進みました。ゼミの選択にあたっても，ある教官が「自分のところにおいで」と誘ってくれました。そのゼミでは，4年生や大学院生が行う実験の補佐として，パソコンを使ってのデータ入力や，実験器具の片づけを任されました。Aさんは指示される通り役割をこなし，データ入力は非常に正確でした。ただし，実験器具の片づけでは，不器用なため作業は遅く，時間がかかりました。

　4年生になりました。後から入ってきた3年生たちには，データの入力や片づけの役割はふられず，それぞれの研究テーマが課されていましたが，Aさんのゼミでの役割は変わりませんでした。卒業論文を書くにあたって，教官と先輩が定期的に指導の時間を持ってくれ，先輩の実験データを整理するという形で，論文を仕上げる見込みも立ちました。

　あとは就職先を探すだけです。夏休み前，Aさんはゼミの教官に呼ばれ，「卒後の進路について，どう考えているのか？」と聞かれました。Aさんは，現在のゼミでの役割の延長として，データの整理や実験器具の片づけを任される会社であれば，就職してみたいと思いました。しかし，必ずしも自分の思い通りにはならないかもしれないと，ゼミの先輩や同級生たちの会話から察し，就職に対して漠然と不安を感じていました。そこで，「大学院に進みたい」と教官に話しました。しかし教官は首を横にふりました。「きみには，大学院は合わないと思う。就職課*で相談しなさい」と，いつになく厳しい表情で言われたのです。

　就職課の職員からは，最初に「具体的に，希望する企業はあるのか？」と聞かれました。Aさんは，まったく考えたことがありませんでした。「小さいが，きみの学部とつながりのある会社から，いくつか募集がきている。そこに行ってみなさい」。そうしてAさんは推薦書を渡され，会社訪問をすることになり

第1章　社会参加できている青年たちから学ぶこと

ました。家族は大喜びで、「面接の練習をしよう」と提案してくれましたが、Aさんは乗り気になりませんでした。

実際の面接の日、慣れない雰囲気にAさんはとても緊張し、頭が真っ白になりました。最初に「自己紹介をしてください」と言われましたが、うまく答えることができませんでした。面接の結果は不採用でした。その後も数十社に応募し、面接に行きました。「面接さえ通ればなんとかなるはず」と両親は考え、あれこれと質問への答え方に意見をするのですが、結局すべて不採用でした。

大学4年生の冬になり卒業の見込みは立っても、その先の就職先は決まりません。両親は心配になり、かつてAさんが「アスペルガー症候群」と診断されたことが、現在の就労困難と関係あるのではないかと考え始めました。インターネットで検索したところ、「発達障害の人は、もし一般の就職が難しい場合、『精神障害者保健福祉手帳』＊を取得し障害者雇用＊が可能である」という情報を見つけました。両親は動揺しました。親子で努力を重ねて、せっかくここまで一般の人と同じコースをたどってきたのに、障害者手帳を持って障害者雇用の道に進むことは、考えられません。しかし、まだ就労が決まっていない現状を考えると、「うちには関係ない」と思うこともできません。不安な気持ちになりながら、このことは両親の胸の内にしまわれたのでした。

大学を卒業したAさんは、以前からやっている近所のスーパーでのアルバイトを続けています。単純な作業で時給も安いのですが、Aさんは仕事に慣れており、不安や苦痛は感じません。アルバイトのない日は、母親が家で家事を教えました。洗濯、掃除、簡単な食事の用意など、1年かけてAさんは家事をある程度こなせるようになり、家族からも感謝されています。これ以外の時間は、自室にこもってゲーム三昧です。自分からは外出をせず、友人もいませんが、そのことをまったく気にしていません。年1回、家族といっしょに旅行に出かけることは楽しみにしています。

両親は、いつかAさんが行き詰まりを感じた

ときには，医療機関の受診や福祉サービスの利用を本人に勧めたいと考えています。大学を卒業して数年が経過した今も，Aさん本人に困っている様子はみられません。

高校を中退して就職したBさん

　Bさんは幼児期，落ち着きがなく，保育園の中で集団行動がとれませんでした。保育士が何かをさせようとしても，Bさんは身をよじって逃げ出してばかりです。園長先生から何度も「どこか専門の機関に相談した方がよい」と促されましたが，母親は仕事が忙しいことを理由に，相談に行くことはありませんでした。

　地域の子どもたちといっしょに小学校に入学しました。低学年のうちは忘れ物が多く，授業中に教師の話を集中して聞けないと指摘されましたが，行動は次第に落ち着き，教室の中に溶け込んでいきました。国語や算数の授業にはほとんどついていけませんでしたが，体育や図工の授業には楽しく参加していました。鉄道が好きで，休み時間は興味の合うクラスメートと盛り上がることもありました。また，折り紙が得意で，何枚もの紙を組み合わせた恐竜や，1枚の紙で連鶴を作り，その精巧さが一目置かれたこともありました。

　しかし高学年になると，話し合いの授業でトラブルが多発するようになりました。話し合いの授業では，学年遠足の班分けの方法やグループ発表での役割分担など，これまで教師が決めていたことを，子ども同士の話し合いで決めることが課題になります。Bさんは，最初の頃は意欲的に参加し，面白い意見を言って周りを笑わせることもありました。ところが，クラスメートはBさんの意見に賛成するように見えても，他によい意見が出れば，そちらに賛成してしまうのです。Bさんは納得がいかず，激怒して教室を飛び出しました。

　こうしたトラブルが続いた後，Bさ

んは話し合いの授業を避けてたびたび学校を早退するようになりました。両親は共働きで夜まで帰ってきません。Bさんは学校から帰った後、洗濯物を取り込み、米をといで炊飯器のスイッチを入れる仕事は、毎日こなしていました。

　中学に進学したBさんは、ほとんどの授業についていけず、またついていこうとする気持ちも失っていました。無断での遅刻や早退、欠席を日常的に繰り返すようになっていました。心配した担任が、本人や母親と何度か面接を行い、教育センター*に行くことを勧めました。

　Bさんは教育センターで知能検査を受け、母親は相談担当者から「全般的な知的発達に遅れはないものの、認知能力にはかなりのアンバランスが見られる。特に、場面や相手に応じて、適切な態度やことばでコミュニケーションする力が弱い。発達障害の疑いがあるので、通級指導教室を利用した方がよい」と勧められました。

　通級指導教室（以下「通級」）*とは、知的な遅れのない発達障害等のある児童・生徒を対象とした特別支援教育の場のひとつです。通常は在籍級で授業を受けながら、週1回から月1回程度の頻度で通級に通い、個別のセッションやグループワークに参加します。通級の担当教師は、Bさんからストレスと感じた出来事をゆっくり聞き、趣味の鉄道話や得意の折り紙に付き合ってくれ、ときには卓球など体を使った活動にも誘ってくれます。Bさんにとって通級は、人前で自分を出すことのできる、貴重な場となりました。中学の3年間、通級を利用し続けたことで、結果的に在籍級を無断で休むことはなくなりました。

　在籍級の担任教師と父親の勧めで受験した高校に合格し、Bさんは何とか進学することができました。中学3年生のときに同じクラスだった鉄道好きの友達が別のクラスにおり、その友達と会うのを楽しみに登校していましたが、テストやホームルームなど苦手な活動があるとわかると、ふたたび無断で早退するようになりました。

　母親が学校に呼び出され、「このままだと2年生に進級させられない」と担任から言い渡されました。話を聞いた父親は、家でBさんを厳しく叱りました。するとBさんは、翌日学校に行くふりをして、家出したのです。数日経って戻ってきましたが、その後は家族に叱られるたびに家出を繰り返すようになりました。家出の間は電車に乗って都心に出て、昼間は家電量販店や本屋で過ご

し，夜は公園で寝泊まり，デパートやスーパーマーケットの食料品売り場で試食品を食べて空腹をしのぐという生活をしていました。

ついに必要な出席日数と単位を取得できず，留年が決定になりました。するとBさんは，「学校に行っても意味はない。働きたい」と母親に言いました。当初反対していた父親も，さすがにその通りだと考えました。両親の同意を得られたことで，Bさんは自分で退学届を出し，ハローワークに行って小さな町工場の仕事を見つけてきました。

そうして働き始めたものの，その工場ではBさんの話し相手になるような人はいませんでした。Bさんは毎日孤独を感じながら，厳しい作業をこなしていました。1か月分の給料をもらった直後から無断欠勤が続き，1か月後に会社から解雇通知が届きました。「自分は，毎日仕事をする生活は合わない」「自由な生活をしたい。好きなときに，好きな路線で全国を旅したい」と言い，定職に就くことは諦めました。

現在Bさんは，インターネットで調べて日雇い労働に就き，ある程度のまとまった賃金を手に入れています。仕事のない日は家でネットサーフィンをしたり，都心に出かけて家電量販店や本屋をめぐったりしています。時々家族に無断で数日間外泊をしています。中学の頃からの鉄道仲間との関係は続いており，年数回は自分で稼いだお金を使って鉄道旅行に出かけています。通級の担当教師に会うために，時々ふらっと通級を訪れ，「先生，オレ，疲れた」「オレって，ウツじゃないかな」などと弱音を吐くこともありますが，どこか専門機関に相談して問題を解決するまでには至りません。両親は，Bさんに家での洗濯と食事の支度を任せ，それ以上は厳しいことを言わないようにしています。

特別支援学校を卒業後，仕事と趣味を両立しているCさん

　Cさんは首の座りが遅く，歩き始めるのも話し始めるのも，すべてがゆっくりでした。乳幼児健診で発達の遅れを指摘され，2歳のときに医療機関を受診したところ，「自閉症」と言われました。聴覚の過敏さが顕著で，通気口の風音がかすかに聞こえるだけで耳をふさいでいました。3歳より地域の保健師から紹介された知的障害児通園施設に通いました。この頃から言葉の発達が急速に進み，食事，着替え，排泄など日常生活動作も，どんどんできるようになりました。5歳からの1年間は幼稚園を利用し，集団適応に問題はみられませんでした。

　就学にあたり，両親は特別支援教育を利用するかどうか悩みましたが，就学時健診で校長先生から「大丈夫ですよ」と言われたことで安心し，通常学級からスタートすることにしました。Cさんはおっとりした性格で，何事も真面目に取り組むため，級友から声をかけられることが多く，学校生活は順調でした。しかし，高学年から勉強についていけなくなったため，両親が本人と話し合い，中学からは特別支援学級*に在籍しました。また，両親は今後の進路のことを考えて，療育手帳*も取得しました。

　Cさんの通った中学校の特別支援学級は，在籍する生徒の数が多く，教室では係仕事や役割分担があり，休み時間をいっしょに過ごす友達もできました。中学2年生のとき，教師からの提案で通常学級へ交流に行く時間を増やしました。交流級は人数が多く，授業は理解しにくく，休み時間はガヤガヤとして環境になじめず，Cさんはストレスをためていました。それでもCさんは通い続けていましたが，体調を崩しがちになり学校を休むこともありました。そんなある日，交流級の生徒からのちょっとしたからかいに，Cさんはパニックを起こしました。親が教師と話し合い，Cさん本人の強い希望もあり，以降は今まで通り特別支援学級で過ごすようにして落ち着きました。

　Cさんは小学校高学年より，同じ知的障害児通園施設に通っていた3人といっしょに，定例の余暇活動に参加する機会を持っていました。小学校時代は，毎週末の水泳教室に4人で通い，終了後はいつも親子4組でファストフード店に行きました。中学以降は，親同士で日程を調整し，年に数回ですが，親子4

組で電車に乗って行楽地に出かける活動を続けていました。これらは無理なく楽しく参加できる居心地のいいサークル活動であり、学校を休むことはあっても、これらの活動を休むことはありませんでした。

さて、中学校の特別支援学級での授業はわかりやすく、Cさんにとっては無理なく取り組むことができました。ただし楽しいばかりではなく、目上の人への言葉づかいや態度、どんな作業にも真剣に取り組む姿勢、終わった後の報告など、就労にかんする基本的な心がまえは、常に厳しく指導されました。「学校を出た後、きちんと仕事に就けるように」というのが、教師の口癖でした。それを繰り返し聞くうちに、Cさんは「学校を出た後は、仕事に就かないといけないのだ」と考えるようになりました。

中学3年になり、Cさんは親と教師の勧めで特別支援学校高等部*を受験しました。面接で「作業をするときに、いつも気をつけていることは、何ですか？」と聞かれたCさんは、学校で教えられた通り「どんな作業でも真剣に取り組むことと、終わったら報告をすることです」と答えました。見事に合格し、その特別支援学校高等部に通うようになりました。

高等部では、中学以上に厳しい就労前教育がなされていました。体力づくりも大切と言われ、毎朝のマラソンも日課になりました。職業実習は学校内だけでなく、スーパーのバックヤードや企業の社内メール配達所、クリーニング業、清掃業、食堂の洗い場などでも行われました。どの実習先でもCさんの評判はよく、どんな作業でも真剣に取り組む姿勢がとてもよいと言われました。

高等部3年の実習で、Cさんはスーパーのバックヤードの仕事が気に入りました。同僚には年上のスタッフが多く、時々声をかけてくれました。野菜を決まった数ごとに袋に入れる、ラベルを1つずつ決まった箇所に貼るといった作業も、自分に合っていると思いました。しかし学校の教師は、Cさんに他の業種の特例子会社を強く勧めました。仕事内容は体力的に厳しいものでしたが、賃金が他よりも高く、教師もきち

んと仕事をこなしていける生徒にしか勧められない会社でした。どの実習先でも評判のよいＣさんなら，きっとこの会社でもやっていける，やりがいのある仕事になるのではないかと，教師は考えたのです。

　Ｃさんは「スーパーの仕事がやりたい」と言いましたが，教師からは「Ｃさんはこちらの仕事が向いていると思います。ぜひやってみませんか」と言われました。両親にも「まずはやってみたらどうか？」と説得され，実習へ行きました。確かに仕事内容は少しきつかったのですが，会社のＣさんの評価は高く，教師も両親も大喜びでした。Ｃさんはその特例子会社に就職することになりました。

　しかし，入社してから半年経って，Ｃさんは会社へ通えなくなりました。疲労と心労から，大きなミスをしたのです。周りは優しくフォローしてくれましたが，作業中ずっと空調の音が響く職場環境，休日が不定期であるシフト制の勤務，残業が終業30分前になってから言い渡されること，作業そのものが体力的にハードであることなど，Ｃさんにとってはストレスとなる要素が非常に多かったのも，出社できなくなった要因でした。

　親が上司と話し合って，当面は時短勤務にするなど会社側も配慮してくれましたが，Ｃさん本人は会社の建物を見ると，失敗した場面がフラッシュバックし，その場で涙がこぼれ，結局は家に帰ってくるのでした。その後，特別支援学校時代の教師がＣさんに会いに来て励ましてくれたり，会社へ行って担当の上司と相談して，1か月間は休養してその後復帰するなどのプランを立ててくれたりもしました。しかし，Ｃさんのつらそうな様子を見兼ねた親が，Ｃさんに「やめてもいいんだよ」「次の仕事を探そう」と話すと，Ｃさんは少し考えてから黙ってうなずきました。

　その後，Ｃさんは障害者就業・生活支援センター*に通い始めました。そこでは，まず親が職員と面接して，今までの経緯を話しました。その後，Ｃさんも面接をし，職員からは「現時点では，もう少し休む時間が必要だろう」と言われました。Ｃさんには，まだ働こうという意欲が湧いていなかったのです。Ｃさんは自宅で趣味のゲームや漫画を読んで過ごしました。しばらくすると，趣味の合間に，母親といっしょに家事をやってみるようになりました。

　退職して1年経った頃，障害者就業・生活支援センターの職員が，ドラッグ

ストアのバックヤードの実習を勧めました。Cさんはそれにチャレンジし，その働きぶりが評価されました。半年ごとの契約という形でのパート就労で，Cさんはこのドラッグストアに週4日勤務することになりました。

　現在，Cさんは仕事が休みの日は，洗い物や風呂掃除などの家事を分担し，料理をこなすまでになりました。小学校からの余暇活動サークルも，形を変えて続けています。本人同士で年に数回集まり，カラオケ，ボウリング，映画を楽しみ，その後はファミリーレストランで食事をしています。両親はCさんが20歳になったら，障害基礎年金*を申請し，いずれは生活寮*も体験させたいと考えています。

■ 社会参加できている人には理由がある

"うまくいっている"感は，人それぞれ

　3人の経歴を読まれて，みなさんは彼らの今のライフスタイルをどう思われましたか？　Aさん，Bさん，Cさんの性格や暮らしぶりはそれぞれ，「マイペース」「風来坊」「真面目一筋」などと表現されるかもしれません。「浮世離れ」「サバイバル精神旺盛」「堅い木は折れる」といった言葉が浮かんだ方もいるかもしれません。

　この3人の中で，一番うまくいっているといえるのはどの人でしょうか？　発達障害の子どもを持つ親ごさん向けの講演会などで，何度かこの質問を投げかけてみたことがあります。意外なことに，親ごさんの答えは誰か1人には集中しませんでした。ある人はAさんを，他の人はBさんを，さらに他の人はCさんを，「一番うまくいっている」と選んでいました。若い世代の親ごさんは

第1章　社会参加できている青年たちから学ぶこと

AさんやBさんを，年配の世代の親ごさんはCさんを選ぶ割合が多かったようです。

　ある人の人生がうまくいっているかどうか，すなわち「"うまくいっている"感」に正解はありません。判断する人たちが，自分の育った時代背景や，そこで培われた価値観に照らし合わせて，それぞれ主観的に判断するのです。

　年配の方たちは，1960年代の日本の高度経済成長期に少なからず影響を受けています。この時代に求められたのは，一言でいえば"堅実な労働力"です。Cさんが学校で繰り返し教えられてきた，「どんな作業でも真剣に取り組む姿勢」や「上司の命令に従い，きちんと報告する姿勢」が，非常に尊ばれる時代でした。「仕事をハードと感じても，職場環境を孤独と感じても，できるだけ我慢をしなさい」「毎日仕事に就けることに感謝して，文句は言わないように」この時代に育った人たちは，こうした価値観を意識せずとも身につけ，わが子に，あるいは教え子や来談者に対して，繰り返し諭しているかもしれません。

　一方で，若い世代の人たちはどうでしょう。高度経済成長期の終わり頃，長時間労働による金銭的な豊かさよりも，適度に息抜きをしながら生活の質を豊かにすることに価値が置かれ，「余暇」や「レジャー」という言葉がさかんに使われるようになりました。そして，1990年代以降，日本の雇用情勢は大きく変わりました。今や大学や大学院を修了した，発達障害のない一般の若者にとっても，誰もが安定した仕事に就くことが極めて難しい世の中になりました。AさんやBさんは，雇用形態は不安定であっても，自分にとってささやかな満足が得られる生活を送っています。若い世代の親ごさんたちがAさんやBさんにより共感を示した理由は，こうした時代背景によるかもしれません。

社会参加できている人は，どこが違う？

　ところで，支援機関のスタッフは，Aさん，Bさん，Cさんの誰が一番うまくいっていると考えるでしょう。おそらくどこの機関のどのスタッフも，3人とも将来的には何かしらの困難が生じ得るだろうが，現時点では"概ねうまくいっている"と判断するだろうと思われます。なぜなら，3人は学齢期の段階から社会と一定の接点を持ち続け，成人期に入った現在も自分なりのやり方で社会参加できています。学業や仕事と余暇や生活のバランスも，極端に悪くは

13

ありません。生活リズムは安定しており，アルバイトやパートを含めた労働の習慣が身についています。何よりも，3人は自己肯定感を育み，心の健康を維持しながら生活できています。

　社会参加できている人たちは，学齢期までに何か特別なトレーニングをしてきたのでしょうか？　実のところ，決して何か特別なトレーニングを受けてきた訳ではありません。ただし，社会参加するための重要な要素である「就労」に対する一定の意識（ここでは「就労準備性」と呼ぶことにします）が自然な形で身につくような支援は受けてきたといえます。

　就労準備性を身につけるためのポイントのいくつかを，Aさん，Bさん，Cさんを参考に，以下に挙げてみます。

　ポイントの1つ目として，3人は基本的な生活スキルや対人スキルをある程度は身につけていました。家族がいちいち指示しなくても，自分の生活を自分で管理することができており，家事分担までこなしていました。3人の家族は，必ずしも全員が家庭教育に熱心であった訳ではありません。しかし，どの家族も必要なことを無理なく教え続けていたといえます。その結果，それぞれが少しずつ経験を積み重ねていったのです。

　ポイントの2つ目として，3人とも学齢期の段階で何らかの支援機関を利用していました。Aさんは発達障害専門の医療機関，Bさんは教育センターや通級指導教室，Cさんは知的障害児通園施設や特別支援学校を利用していました。全員の家族が障害について十分な理解を持ち，積極的に情報を集め，相談できていた訳ではありません。それでも，「わが子には，特別な支援が必要である」と気づいたときには，全員が支援機関を訪れ，支援者への相談ができていました。とにかくつながりを持っていたことで，子どもも家族もそこから何らかの具体的サポートやエネルギーを得られたのです。

　ポイントの3つ目として，3人は家族から「こうすべきである」という価値の押し付けをされてきませんでした。仕事が見つからなかったとき，あるいは仕事でつらくなったとき，3人が前向きな気持ちで次のステップに移り，心の健康を維持することができた理由のひとつは，家族がわが子の将来に対して，多様な価値観を許容する精神的なゆとりを持っていたからでした。このようなゆとりを持つためには，家族がアスペルガー症候群の人たちの将来に対して一

定の見通しを持つことや，現在の子育てについて「これでよい」という確信を持つことが必要です。しかしこれらは，一朝一夕に得られるものではありません。家族には，子どものライフサイクルという長距離走の，伴走者としての覚悟が求められるかもしれません。

　ポイントの4つ目として，3人とも少ないながらも信頼できる相談相手を持ち続けてきました。家族は，相談相手として最も重要な存在です。それだけでなく，アスペルガー症候群の人たちが青年期になると，家庭外で本人を支える存在が，ときには家族以上に重要になってきます。信頼できる大人や同世代の仲間との関係は，"心理的活動拠点"になるのです。本人を自動車に喩えるなら，心理的活動拠点はガソリンスタンドです。スタンドが地域に1か所しかないと，そこが休みになったとき非常に不便です。これと同様に，心理的活動拠点も地域の中に複数あった方がよいのです。1か所しかないと，そこが機能しなくなったとき，そのことが本人にとって強いストレスとなってしまいます。信頼できる大人や同世代の仲間と関係を築き，その関係を"心理的活動拠点"にすることで，日々の生活に向けたエネルギー補給がずっと容易になるのです。

〈本田秀夫・日戸由刈〉

第2章

普通に仕事をすることが，なぜ難しいのか

　アスペルガー症候群の人たちは，普通に仕事をすることが難しい場合があると言われます。その理由を考えてみましょう。
　そもそも，普通に仕事をするとは，どういうことでしょうか。
　1990年代のバブル崩壊後，わが国の企業は大量生産の場を人件費の安い海外に求めるようになりました。また，これに替わって国内では，新しいサービス・技術・専門産業が発展するようになりました。これらの社会情勢に伴い，現代の若者たちの職業生活全般に，以下に述べるような困難さが生じるようになったのです（本田，2009）。
　困難さのひとつは，国内で発展した新たなサービスや産業が，コミュニケーション能力や主体性，協調性，チャレンジ精神など，以前よりも複雑で高度な能力を必要とするようになったことです。日本経済団体連合会が企業会員に行ったアンケート調査の結果（図2-1）を見ると，新卒者採用にあたって，企業がどういった能力を重視しているかがよくわかります。若者たちは，入社した最初から，巧みな表現で自らをアピールしつつチームワークも保つこと，高い目標に向かって積極的に挑むことなどを，要求されているのです。
　もうひとつは，不況に対する労務コスト圧縮を目的に，正規社員の枠がどんどん減らされ，パートやアルバイトの枠に代替されていることです。パートやアルバイトに任せられる仕事の範囲は限られるため，正規社員が残りすべてをカバーしなければなりません。ひと昔前と比べ，正規社員に就くこと自体が難しいうえに，正規社員になった場合も膨大な仕事量と重い責任に耐えることが

第2章　普通に仕事をすることが，なぜ難しいのか

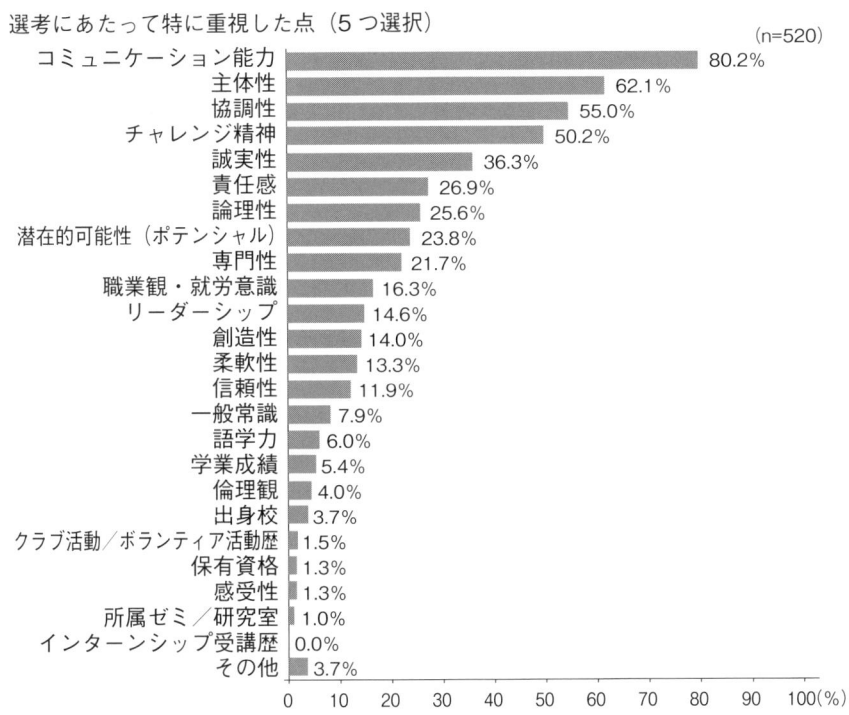

図2-1　新卒者採用にあたって、企業が重視した点
（日本経済団体連合会「新卒採用（2011年3月卒業者）に関するアンケート調査結果」より引用一部改）

以前よりもいっそう求められているのです。

　私たちは，企業への正規雇用だけを就労のゴールとは考えていません。正規雇用・非正規雇用の区別なく，場合によっては障害者雇用であっても，「何かの職に就いて精神的に安定した毎日を過ごすこと」をひとつのゴールと考えています。アスペルガー症候群の人たちがそのゴールに達することは，易しいことではありません。その理由について考えてみることにしましょう。本人の心理的な特徴，就労への道のりに存在するバリア，就労支援サービスという3つの視点から，困難さを生じさせる要因について整理してみます。

■ アスペルガー症候群の人たちの心理的な特徴

アスペルガー症候群の人たちの心理的な特徴は、すでに多くの専門書で詳しい解説がなされています。本章では、その中から「同時総合機能」と直観的な「心理化」の2つを取り上げます。また、これらの特徴が、本人の生き方に及ぼす影響について説明します。

同時総合機能がうまく働かない

同時に複数の情報を処理することや、同時に複数の能力を使うことを「同時総合機能」と言うことがあります（佐々木，2008）。例えば「相手の話を聞きながら、メモを取る」という簡単な動作にも、同時総合機能が働いています。

日常生活の中で同時総合機能が特に必要となるのは、会話です。相手の発する言葉（聴覚情報）は、文字や絵、写真（視覚情報）とは違って、すぐに消えてしまいます。このため、聞いたことを記憶しながら、その意味を考え、どう答えるかを判断するという、これらすべての処理を瞬時に行わなければなりません。驚くべきことに、私たちはこれを、特に意識もせず、日常的に行っているのです。

アスペルガー症候群の人たちは、同時総合機能に生得的な不全を持つと考えられます。同時に複数の情報に対処できない彼らは、さながら節穴を通して世の中から情報を得ようとする状態に近いかもしれません。それがどれだけ大変な作業であるかは、一度試してみればわかります。詳しくは、『新訂 自閉症の謎を解き明かす』（フリス，2009）に解説されています（この本では、「全体的統合」という用語が使われています）。

ところで、同時総合機能の不全によって、すべてが不都合になる訳ではありません。情報をまとめあげる能力、全体を捉える能力が弱いということは、裏を返せば、特定の部分に強く焦点をあて、集中的に処理する能力が高いということです。実際、アスペルガー症候群の人たちの多くは、特定の領域に強力な興味や注意を向け続ける能力が高いと言われています（フリス，2009）。彼らは、特定の興味のある領域、例えば自然科学や歴史、鉄道や音楽について、一

般の人たちよりも膨大な知識を示すことがあります。あるいは，ひとつの作業に集中して取り組み始めると，一般の人たちとは比較にならないほどの集中力を発揮し，長い時間そのことに没頭することができます。

佐々木（2010）は次のように述べています。「シングル・フォーカスとかモノトラックと呼ばれる特性は，興味や関心，認識，意識が狭いところに強くあたるということです。だからこそ，一芸に秀でることができる。高等な職人芸を発揮することができる。科学者になる人もいるでしょうし，芸術家になる人もいるでしょう。そういうことが，アスペルガー症候群の人の中には，大いにあり得るわけです。」（『アスペルガーを生きる子どもたちへ』）

心理化が働かない

「心理化」とは，日常場面で一瞬ごとに変化する相手の心について，相手の表情や態度，状況や文脈など雑多な情報の中から瞬時に手がかりを選び，それを基に推論する能力を意味します（フリス，2009）。同時総合機能と同じように，私たちが日常的な人間関係の中で，意識せずとも自然に働かせている能力のひとつです。通常，この能力は幼児期の終わりから学齢期のはじめに発達すると言われます。

アスペルガー症候群の人たちも，順を追って考えれば，相手の心を推論することができます。彼らは他人の心がまったく読めないわけではないのです。しかし，日常場面の中でそれを瞬時に，直観的に行うことができません。このことは，同時総合機能と関係があるかもしれません（フリス，2009）。

また，アスペルガー症候群の人たちは生得的に，常に「人」よりも「物」に注意が向きやすい傾向を持つと言われます。一般の子どもには，生後数週間目より「人に対して選択的に注意を向け，次第に相手の情動を自分の中に取り入れるようになり，表情やしぐさを模倣して自分のものにしていく」というプログラミングが脳内に存在すると考えられています。アスペルガー症候群の人たちは，このプログラミングが弱いため，相対的に物に注意が向きやすく，人への注目を瞬時に必要とする直観的な心理化が働きにくくなってしまうのかもしれません（内藤，2012）。

直観的な心理化がうまく働かないことも，裏を返せば，人間関係に影響され

ず，物事を常に理屈で考える能力が高いということになります。実際，アスペルガー症候群の人たちの多くは，非常に真面目であり，正義感が強く，その場の感情に流されることなくルールや決まりごとを遵守する傾向を持っています。

少数派であるための不便さ

アスペルガー症候群の心理的な特徴は，社会の中でプラスにもマイナスにも作用します。そして，プラスの方向に作用すると，一般の人では考えられないほど優れた才能を発揮する可能性を持ちます。近年，このことを明言する専門家が増えています。例えばグランディンら（2008）は，「自閉症スペクトラム障害のある人が仕事の世界に入るなどして社会に貢献しなければ，社会の方も損をするということです。世界で最高クラスの頭脳の持ち主や，とりわけ優れた発明・芸術・思想を生みだした人の一部は，自閉症の特質を持っています。……（中略）……世の中の仕事から特定の人たちを締め出せば，私たちみんなが損をするのです」と述べています（『アスペルガー症候群・高機能自閉症の人のハローワーク』）。

ところが，実際の生活場面でアスペルガー症候群の人たちが普通にやっていくことには，困難が伴います。なぜでしょうか？　それは，アスペルガー症候群の人たちが，世の中で少数派だからです。

世の中の仕組みは，ほとんどが多数派の人たちに合わせて作られています。多数派の人たちはよほど意識しない限り，少数派の人たちの苦労に気づくことがありません。例えば，道具のほとんどは右利き用に作られており，左利きの人は使うたびに不便さを感じています。右利きの人たちは，あまりこのことを考えません。

アスペルガー症候群の人たちの不便さは，人とのコミュニケーションや社交のスタイル，興味や価値の持ち方など，生活全般にわたって，また人生を通じて，続きます。左利きの人たちのように，道具という限定された領域にとどまらないのです。そして，このことで当事者がどれだけ苦労をしているか，身近な家族でさえ，十分に理解することが難しいのです。

誤った対処方法

　「少数派であるための不便さ」という問題があることに，アスペルガー症候群の本人自身が気づいていない場合もあります。「みんなと同じことができない自分は，価値の低い人間である」と思い詰めてしまうのです。本人にとって，これほど不幸なことはありません。

　アスペルガー症候群の人たちは，物事を全体的に見渡して，文脈や状況から理解することが苦手です。例えば，人間関係にトラブルが起きた際，なぜそうなったのか，因果関係を把握できません。相手が言ったこと，したことの意図や理由の推理もできません。このため，「相手（だけ）が悪い」または「自分（だけ）が悪い」と一方的に決めつけてしまうことが，少なくないのです。このことは，第５章でBさんのエピソードを通じて具体的に解説します。

　アスペルガー症候群の人たちの対処方法は，いつも一方向的です。例えば，相手に「こうしてください」と修正や変更を求めたり，自分が「こうしたい／したくない」と主張したりするばかりで，話し合いを通じて，相手の意見を取り入れて自分の考えを修正することや，互いに合意の手順を踏むことが難しいのです。そのため，相手から誤解をされることや，疎まれること，怒られることが，しばしば起こります。

　こうした"誤った対処方法"を繰り返し，周囲からの孤立や排除に追い込まれてしまったアスペルガー症候群の人たちが，たくさんいます。精神的に追い詰められ，重篤な二次障害に至る場合も多々みられます。『発達障害における精神科的な問題』（横田ら，2011）という本には，そのような事例がたくさん紹介されています。

諦めや回避の姿勢

　失敗経験を重ねたアスペルガー症候群の人たちの中には，人に対して諦めや回避の姿勢を身につけてしまう場合もあります。こういった人には，次の２つのタイプがみられます。

　１つ目は，周囲から敷かれたレールに淡々と乗っていくタイプです。一見すると，自分の判断で行動しているようにも見えますが，本人の側に「こうした

い」という具体的な希望はありません。これまで自分の思ったことを口にし，周囲から十分に理解されず，不本意な結果となった経験を繰り返したことで，希望を持つこと自体を諦めてしまったのです。周囲からは問題と思われにくく，むしろ「素直で，従順」と誤解されがちです。本人が我慢や無理を強いられ続けるうちに，何らかの二次障害を呈するようになって初めて，周囲に問題と気づかれることが多いのです。

　２つ目は，特定の領域への興味に没頭することで，周囲からの働きかけをシャットアウトするタイプです。一見すると，本人が好き勝手をしているように見えます。実はその多くが，最初は真面目に，着実に人生を歩みたいと希望していました。自分ではやり方がわからず，周囲からの不適切な介入を繰り返し経験することで，「他人は，自分の邪魔をする存在」と回避する姿勢を身につけてしまったのです。周囲から「反社会的行動を起こす，危険な存在」と誤解されることもあります。

　諦めや回避の姿勢を身につけてしまう事態は，誰にとっても起こり得ます。第１章で紹介したＡさんとＢさん，そしてＣさんも，その姿勢を身につけかけていました。Ａさんは家族が専門医療機関の受診を通じて態度を改め，高望みをしなくなったこと，Ｂさんは本人が中学時代に通級指導教室を利用し，自分の思ったことを口にして教師から受け入れられた体験を持ったことによって，世の中を完全に回避するまでには至りませんでした。Ｃさんも家族がそれ以上の無理をさせず，働く意欲が再び湧くのを根気よく待ったことが，功を奏しました。それぞれ早い段階で手を打てたことが，大きかったのです。

　アスペルガー症候群の人たちが諦めや回避の姿勢を身につけざるを得ない背景には，必ずと言っていいほど，周囲の無理解が存在します。そして，将来こうしたリスクに直面するアスペルガー症候群の子どもたちは，決して少なくありません。

■ 就労への道のりに存在するバリア

　就労し仕事が定着するまでの道のりには，アスペルガー症候群の人たちにとって，どのようなバリアが存在するのでしょうか。環境側の要因にも着目し，

第2章　普通に仕事をすることが，なぜ難しいのか

就職活動期と職場定着期に分けて見ていきましょう。

就職活動期

(1) 適性の認識を促す支援の不足

　アスペルガー症候群の人たちは，自分の適性を認識することが苦手です。直観的な心理化が自分自身に対して働かないため，自分の能力のどの部分が優れていて，どの部分が劣っているかを，他者と比較しながらモニターすることが難しいのです。また，同時総合機能が働かないため，自分が持つ様々な能力を，"自己認識"としてまとめ上げることも難しいのです。

　就職活動は，自分の適性を知ることから始まります。自分の適性という概念は，アスペルガー症候群の人たちにとってわかりにくく，しばしば「なりたい職業」や「やってみたい仕事」と混同しがちです。また，周囲から「あなたにはこの仕事が向いている」「工学系の大学だから，物づくりの仕事に就けるとよい」など助言を得ると，それを自分の適性と勘違いすることもあります。ときには，自分が最も苦手とすることを克服して職業にすることが自分に課せられた使命であると思い込んでしまうことすらあります。

　アスペルガー症候群の人たちは，仕事の内容をよく理解できていないことに加えて，こうした誤った自己認識を観念的に持ちやすいのです。彼らが仕事の内容と自分の適性の両方を具体的にイメージし，判断するという手順を踏むためには，具体的な体験を伴った一定の支援やプログラムが必要です（第5章でのBさんと通級教師のやりとりの中に，その一例が紹介されています）。通常の学校教育の中で，こうした支援やプログラムは十分に行われていません。中学校に職場体験のカリキュラムはありますが，体験をふり返って大人と1対1でやりとりをする時間はほとんど取られていないようです。家庭でそこを補えると，効果が違ってくるかもしれません。

　アスペルガー症候群の人たちは，ひとたび特定の領域に強い興味を持ってしまうと，他の領域に目を向けることが極めて困難になります。少なくとも家族は，彼らの興味を最初から狭めないよう配慮すべきです。そうでなくても，後に述べる"氾濫する情報"に翻弄され，誤った対処方法（人の意見に耳を貸さず，「絶対にこうなりたい」と強く思い込むなど）に陥りやすい人たちです。

まずは家族が，多様な価値観を許容する精神的なゆとりを持てるよう，心がけましょう．

(2) "正規のルート"や"皆と同じ"であることの呪縛

　アスペルガー症候群の人たちにとって，普通の就職活動を行うことには，かなりの不利益や不都合が伴います．にもかかわらず，彼らは「こうであらねばならない」という思い込みを持ちやすく，誤った対処方法を取りがちです．グランディンらは著書『アスペルガー症候群・高機能自閉症の人のハローワーク』の中で，正規の採用ルート（いわゆる一般公募で，書類審査や面接を必要とするもの）において，アスペルガー症候群の人たちが選考に残ることの困難さについて，次のように述べています．「社交面で奇妙な振る舞いを見せたり，仕事の経験がなかったり，職歴に空白期間があったりするせいで，真っ先にふるい落とされることが多々あります」．

　就職活動に挑む場合，本人が「少数派であるための不便さ」を，漠然とでも意識できていることは，ある種の強みになります．うまくいかなくても，「自分のやり方が悪かったのだ」と悲観し過ぎず，「自分には，こうした活動は向いていないのだから，しかたがない」と，明るく割り切って考えられるかどうかが重要です．正規のルートや皆と同じやり方にこだわる必要はないのです．

　グランディンも「正規の採用ルートではなく，ありとあらゆる非公式のルートから労働市場に入る覚悟を決めること」を成功の秘訣に挙げています．そして「非公式のルートから入るには，根気強さが必要です．私もそういうルートを開いてくれる人が見つかるまで，何度も拒絶に遭いました．根気強く，ただし礼儀正しくアプローチしましょう」と提言しています．

　非公式なルートには，学校や相談機関からの紹介や推薦という方法があります．自分の適性に合っているかどうか，慎重な吟味が必要です．第1章のCさんの場合，最初の就職は吟味が不十分であったため長続きせず，辞めた後も二次障害に悩まされました．

　自分の適性を認識することが難しい，就労準備性が不十分である，などの課題を持ったアスペルガー症候群の人たちは，まずアルバイトやパート就労に挑戦することから始めてみる方法もあります．Aさん，Bさんも，このような形

から社会人生活をスタートさせています。具体的な体験を通して現実を知ることで，この後で述べる，氾濫する就職情報に翻弄され，誤った対処方法を身につけてしまうリスクを減らすことができます。

(3) 氾濫する就職情報

一般学生と横並びで就職活動を行っているアスペルガー症候群の学生の中には，「卒業までに，何としてでも内定を取らなければ」という焦りを強め，極度の不安やストレスから，様々な身体の不調を呈する場合があります。

一般の学生でも似たような状況はみられます。しかし同時総合機能に不全を持つアスペルガー症候群の人たちは，ひとたび就職に強く注意が向いてしまうと，それを切り替えて適度に気分転換をすることが，一般の学生とは比べものにならないほど難しいのです。第1章のAさんが，まさにそうでした。

就職に対する本人の焦りの背景には，大学，企業，そして就職情報サイトが提供する様々な就活セミナーや大量のインターネット情報，そしてこれに影響を受けた周囲の人たちからのプレッシャーがあります。特に近年は，家族向けのセミナーの開催も増えています。

家族が一般的な就職活動の概要を知っておくことは，大切です。しかし細かな手順まですべてを把握し，学校の選択や受験と同じように，就職活動でも本人をリードした方がよいという誤解を抱いてしまうと，それがプレッシャーとなり，本人にとって大変な不都合が生じます。仕事に就くことは，学校に通うこととは，本質的にまったく異なるからです。

家族がその点をわきまえていても，高等教育に通うアスペルガー症候群の人たちは，本人自ら氾濫する就職情報から大きく影響を受けます。学内ではセミナーのポスターやチラシが目に入り，同世代の話題も耳に入ります。ネットを検索すれば，玉石混交の膨大な情報が並びます。教員や同級生から何気なく言われた一言が，プレッシャーになる場合もあります。

さらに言えば，就職に関する膨大な情報や周囲のプレッシャーにさらされ続けると，本人が誤った対処方法を身につけるリスクは高まります。第1章のAさんがそうでした。こうしたリスクを予防するには，まずは「職業生活は，あらゆる点で学生生活と異なる」というごく基本的な構図を，本人が十分に理解

することが大切です。第3章で紹介する，家庭の中での労働習慣の取り組みが，役に立つかもしれません。

職場定着期

(1) 職場が本人の適性と合わなかった場合

職場定着期とは，就職活動を経て就労した本人と周囲の両方が，「この職場でやっていけそうだ」という見通しと確信を持つまでの期間を指します。

就職活動を行うアスペルガー症候群の学生の中には「卒業までに，何としてでも，内定を取らなければ」という焦りから，自分の適性と明らかに合わない仕事を選択してしまう場合が，少なくありません。接客サービス中心の仕事，人員が少なく何でもやらされる職場，家族から離れた慣れない土地での勤務に就いてしまうのです。

こうした場合，本人が定着のための努力をいくら重ねても，最終的には仕事を辞めざるを得ない状況に追い込まれることが多いようです。仕事が合わないと感じて辞めることは，一般の若者でもあり得ることです。しかし，アスペルガー症候群の人たちの仕事の辞め方は，一般の若者と違った顛末となることが多いようです。例えば佐々木（2010）は，アスペルガー症候群の人たちは「怠けるために，手抜きをするために，楽をするために，ずるい立ちまわりをするようなことは，まったくと言っていいほどありません。基本はみんな真面目です。嘘はつかないし，守るべきことはきちんと守ります」と述べています。この特性のために，事態がより深刻化しやすいのです。

アスペルガー症候群の若者の多くは，合わない職場に適応するために，無理な努力を重ねようとします。そして，かなりの精神的負担を強いられ続けた結果，エネルギー切れの状態になって退職となるのです。さらにそのつらく苦しかった体験が重篤な心の傷となり，仕事を辞めた後も長らく二次障害に苦しみ続ける場合が少なくありません。第1章のCさんも，そうなりかけていました。そのような当事者たちの体験が紹介されている本も，最近では出版されています（高森ら，2008　など）。

この問題を防ぐためには，「自分の適性と合わない仕事は，選ばない」という強い信念を持ち，実際に体験した職場が自分に合っているかどうかを，慎重

に吟味する姿勢が必要です。自分についてモニターすることの難しいアスペルガー症候群の人たちにとって，それはかなり難しいことかもしれません。

　周囲の人たち，特に家族には，本人に代わってモニターする役割が求められます。仕事に行く前や仕事から帰った後の，本人の言動や態度のみならず，表情，イライラ，食欲，睡眠リズム，興味や関心の幅，周囲とのコミュニケーションの取り方なども，チェックするとよいでしょう。「あれ？　おかしいぞ」と感じる点があれば，それは本人がその職場に適応しようと無理をする中で発している，重要なＳＯＳのサインかもしれません。あまりにも顕著な場合は，"間違った選択"をしてしまったのかもしれないと考え，心の傷を深めないための対策を，急いで講じる必要があります。

(2)　職場に溢れる雑多な刺激

　たとえ仕事が自分の適性と合っていた場合でも，バリアは存在します。アスペルガー症候群の人たちにとって最も深刻なバリアは，職場に溢れる雑多な刺激です。

　自身もアスペルガー症候群と診断された当事者であるグランディンが最も強調するストレスは，"感覚系の問題"です。彼女は「自閉症スペクトラム障害のある人は，外の世界から来る情報をうまく処理できません。感覚にまつわる問題のせいで，何が見えているか，聞こえているか，触れているかを理解するのが難しいのです。たとえるなら，外から来る感覚刺激に調節ツマミが付いていないようなものです」と述べています。（グランディンら，2008）。

　具体的には，どのように感じられるのでしょう。例えば，聴覚については「標準的な神経系の人には気にならない音であっても，自閉症スペクトラムの人には，まるでやかましいロックコンサート会場のスピーカーの中にいるように感じられることがあります」。視覚については「職場における視覚関連の問題で最大のものは，おそらく蛍光灯の照明でしょう。……大半の人は気づかないかもしれませんが，あの絶え間ないちらつきもまた気に障るのです。」

　このように，聴覚，視覚，触覚，嗅覚など，感覚器のひとつひとつが過剰に反応し，一般の人たちが気にならない刺激が強烈に感じられてしまうのが，感覚系の問題です。これは，同時総合機能の不全を持つことと関係があるかもし

れません。アスペルガー症候群の人の中には，職場に溢れる雑多な刺激に，何とか耐えることのできる人もいれば，耐えがたい苦痛を感じ続ける人もいます。Cさんが最初の職場で示した不適応の原因のひとつは，まさにこれでした。感じ方の個人差は，非常に大きいのです。本人が感覚系の問題をどの程度持っているのか，どの程度まで雑多な刺激に耐え得るのかによって，職場にどのような理解や配慮を求めるべきかが違ってきます。克服すべきバリアが多すぎる場合は，この後に述べる就労支援サービスの利用も検討するとよいでしょう。

(3) 聴覚言語での指示や命令

　次に深刻なバリアは，職場で飛び交う指示や命令のほとんどが，聴覚言語でなされる点です。アスペルガー症候群の人たちは，聴覚言語だけで情報を正確に得ることや物事を考えることが困難です。当事者であるウィリアムズは，自伝『自閉症だったわたしへ』の中で，「私の耳に入ることは何でも，一度頭の中で考え直さなければならなかったのです。それはまるで複雑なチェックポイントを通過していくようなものです。特定の文章を何度も繰り返してもらわなければならないこともときどきありました。なぜなら，文章が私の耳にはバラバラに聞こえたのです」と述べています。

　心理学者のアトウッドは，アスペルガー症候群の人たちに「聴覚による識別と混乱」があることを，次のように指摘しています。「私は，質問に何と答えるかを考えているときに，話しかけないで欲しいと人に言うアスペルガー症候群の成人を数人知っています。話しかけられると，思考の過程が混乱し，返事がさらに遅れてしまうのだそうです。ですから，アスペルガー症候群の人は，ただ一人の声に専念しさえすればよい状況や，ひとつひとつの指示や質問ごとに短い間が置かれる時，さらに情報を読むことも併せてできる場合には，理解しやすいようです。」（『ガイドブック　アスペルガー症候群―親と専門家のために―』）

　聴覚言語による聞き取りや理解，思考の能力にも，個人差があります。普通のやり方で聞き取りや理解があまりにも難しい場合は，一般の人と横並びで就職し，勤め続けていくことは，かなり厳しいかもしれません。この場合も，就労支援サービスの利用を検討するとよいでしょう。

アスペルガー症候群の人たちの中には，聴覚言語でのやりとりがそれほど苦痛ではない人もいますが，「相手の話を聞いて，メモを取ること」や「相手の話のポイントを押さえること」は共通して苦手です。本人がどんなに努力をしても，同時総合機能の不全があるために，この苦手さは続きます。周囲の人たちから「この人は，こういうことが苦手なのだ」という理解を得ておくことが，大切です。

(4) 同僚との人間関係

　同僚との人間関係の問題は，一般の人にも普通に起こり得ます。しかし，アスペルガー症候群の人たちにとっては，独特の不都合が生じる場合が多々あります。例えば彼らは，一般の社員にとって楽しみな飲み会やランチなどの懇親の場を，苦痛で煩わしさに溢れた場と感じます。あるいは，どこにでもいるような，おしゃべり好きで人情味に溢れたタイプの人物に，耐えがたいほどの苛立ちを覚えます。アスペルガー症候群の人たちは人間関係に影響されず，物事を常に理屈で考えようとする傾向を持つため，仕事と直接関係のない多くの事柄は，無意味で退屈な活動に感じてしまうことが多いのです。『アスペルガー流人間関係―14人それぞれの経験と工夫―』（エドモンズら，2011）には，このような"すれ違い"について，アスペルガー症候群の当事者たちがどのように感じているかが，詳しく紹介されています。

　事前の対策として，職場が自分に合っているかどうかを吟味する際，"職場の雰囲気"もチェックする習慣を持つことが大切です。アットホームで，社員が家族のような雰囲気の小さな会社では，特徴を理解して温かくフォローしてくれる場合もあれば，懇親の場への参加が当たり前とされ，居心地の悪さを感じたり，孤立に追い込まれたりするリスクもあり得ます。

　もうひとつ，職場の中にメンター的な存在を見つけることです。メンターとは，仕事や人生に効果的なアドバイスをしてくれる，頼れる先輩を意味します。同じような心理的な特徴と面倒見のよさを兼ね備えた，頼りになる先輩がいれば，同僚との人間関係について，個人的に相談をすることができます。総じてバリアの少ない職場であれば，よくよく観察すると，同じような特徴を持つ人を見つけることは，そう難しくはないかもしれません。

■ 就労支援サービス

　就労した職場に様々なバリアが存在し，十分に能力を発揮することが難しい場合，あるいは就職活動そのものが難しい場合，アスペルガー症候群の人たちが取り得る方法は，現在のわが国では次の2つのどちらかになります。

　1つ目は，「一般雇用」です。企業のいわゆる"普通の"採用枠，あるいは非正規社員であるパートやアルバイトなどに応募して，一般の人たちと横並びで就職活動を行い，就労した場合は適応に向けて自分で努力をしつつ，得意・不得意は"個性の範囲"として職場に理解や協力を求めます。これには本人が，仕事に必要な一定の能力を持つことが必要条件となります。加えて，年齢相応のコミュニケーションや社交のスキルを身につけている必要があります。アスペルガー症候群と診断された人たちの中で，この方法を選択し，安定して仕事を続けることのできる人たちは，まだまだ数が少ないようです。

　2つ目は，自分の弱点を障害と捉え，理解と配慮の得られる職場を選んで就職する方法，すなわち「障害者雇用」です。同時総合機能や直観的な心理化に明らかな不全を持つ，感覚系の問題がある，聴覚言語でのやりとりが極端に苦手，などの特徴が顕著な場合は，こちらの方法が適しています。

　2つ目の方法を軌道に乗せてくれるのが，就労支援サービスです。

歴史的経緯

　アスペルガー症候群の人たちへの就労支援サービスは，その必要性に世間の関心が向き始めてから，世界的に見ても，僅か20年ほどしか経っていません。米国ノースカロライナ州など，自閉症の人たちに対する福祉サービスが特別に充実した地域では，それ以前から知的な遅れのない自閉症の人たちに対して就労支援の取り組みがなされ，成果を上げていました。しかし，ほとんどの地域では，知的障害のある自閉症の人たちへのサービスの充実が優先されてきたのです。

　1990年代，英国で高機能自閉症やアスペルガー症候群の人たちの就労の実態調査が行われ，驚くべき報告がなされました。大学など高等教育を修了した

第2章　普通に仕事をすることが、なぜ難しいのか

高機能自閉症やアスペルガー症候群の人たちの就労の割合が、知的障害のある自閉症の人たちよりもずっと低かったのです（ハウリン，2000）。こうして、高機能の発達障害の人たちにも就労支援が必要という認識が、専門家や支援者の間にゆっくりと浸透していきました。わが国でも、2005年に発達障害者支援法が施行されて以来、就労支援に重点を置いた体制が作られるようになりました。

就労支援サービスの仕組み

アスペルガー症候群の人たちに対する就労支援サービスと聞くと、「第三者が彼らの心理的な特徴を職場に説明し、理解と配慮を求めてくれる」「本人に対しても、仕事のスキルを教えてくれる」など、とても使い勝手のよいサービスを想像する人も少なくないかもしれません。確かに間違ってはいないのですが、このサービスを十分に活用するためには、利用者にひとつの態度決定が求められます。それは、障害者手帳を取得し、障害者雇用という一般の人たちとは異なる枠で仕事に就くことです。

米国や英国では、障害を持った人たちの雇用を促進するために、差別禁止の政策がとられています。仕事上で固有に必要とされる本質的な能力が備わっていれば、人種や性別や障害の有無など、その他の要因を理由に差別をしてはいけない義務が、企業に課されています。しかしこの政策は、障害を持つ人たちの中で、ごく一部の非常に高い能力を持つ人たちにとってだけ有利に働いています。障害を持つ多くの人たちに対して雇用の場を開くことには、つながっていません。大学など高等教育を修了した発達障害の人たちの就労率は、今もなお低い状態にあります（グランディンら，2008）。

一方わが国では、障害を持つ多くの人たちに対して、特別な雇用の枠を設ける義務が企業に課されています。障害者手帳を取得すれば、この特別な枠にエントリーできます。アスペルガー症候群など知的な遅れのない発達障害の人たちに対しても、「精神障害者福祉保健手帳」が取得できるようになっています。

ただし、この特別な雇用の枠に用意された仕事は、一般雇用と内容や待遇が異なる場合がほとんどです。一部の能力の高いアスペルガー症候群の人にとっては、自分に合った仕事の選択の幅が限られてしまうかもしれません。また、

そもそも自分の弱点を障害と捉えることに抵抗がある人，障害者手帳や障害者雇用という用語に違和感を持つ人たちは，このサービスに馴染みません。現行のサービスは，能力の高いアスペルガー症候群の人たちにとって，「帯に短し，たすきに長し」という使い勝手であり，改善の余地は多いと考えられます。

就労支援サービスのメリット

就労支援サービスは，各地域に設置された障害者職業センターや，障害者就業・生活支援センター等で提供されます。これらのセンターでは，障害者手帳を持っていなくても，相談を始めることは可能です。本人の特性やそれに合った就労の形の評価，就労のために必要な準備や実習が用意されています。

例えば，アスペルガー症候群の人たちが苦手とする「自分の適性を知ること」については，センターが実施・紹介する職業評価や職場体験実習などを利用し，実体験に基づいて自分の得意・不得意を考えることができます。

就労準備性が形成されない段階で，氾濫する就職情報に触れ，焦りにかられた人たちは，センターのスタッフとのやりとりを通じて，準備は段階を追って一歩ずつ進めていけばよいと知り，安心できます。

どうしても一般雇用は難しいと感じた場合，障害者手帳を取得すれば，障害者雇用を試してみることができます。障害者雇用は，一般のパートやアルバイトよりも，特性に合わせた配慮や工夫という点で条件が整っており，事前の実習や見学を経て決める場合も多いので，自分の適性に合った仕事，満足できる仕事がはるかに見つけやすいのです。実際に，企業での障害者雇用の実績は年々増えており，そういった働き方があることについての会社組織における認識は，徐々にですが変わりつつあります（図2-2）。

障害者雇用枠で就労した場合は，職場定着期に存在するバリアについても，支援サービスを受けることができます。ジョブコーチによる本人への実地のスキル指導，職場への説明，定着後のフォローなどです。このような支援の流れを整理し，より詳しく把握したい場合は，『発達障害の人の就労支援ハンドブック』（梅永，2010）などの関連図書を参照なさるとよいでしょう。

ところで，障害者手帳については，「障害者手帳を持っていると，様々な機関に知られ，後々不利になることが多いのでは」と誤解されがちです。障害者

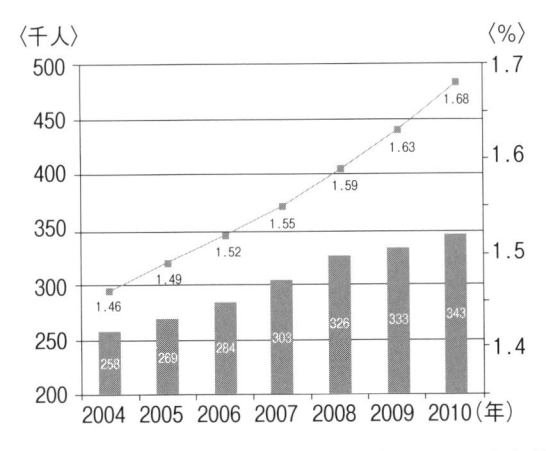

第 2 章 普通に仕事をすることが，なぜ難しいのか

図 2-2 民間企業における障害者の雇用状況
(厚生労働省「平成 23 年　障害者雇用状況の集計結果」より引用一部改)

　手帳をどのように使うかは，まったく本人次第です。障害者雇用に挑戦するための"通行手形"と割り切って，取得してみてはどうでしょうか。どうしても気になる人は，日常場面では取得したことを伏せておけばよいのです。
　サービスを利用しない限りは，手帳を取得したことを他人に明かす必要はありません。行政や医療機関，企業には，業務上知り得た秘密を守る義務（守秘義務）がありますので，本人の許可や同意がない限り，勝手に明かされることはありません。またわが国では，「プライバシーに配慮した障害者の把握・確認ガイドライン」が策定されています。企業側が，本人に手帳の取得や開示を強要することもありません。

■ まとめ——基本は本人の気持ちと，家族のサポート

　アスペルガー症候群の人たちが仕事で普通にやっていくことがなぜ難しいのかを，彼らの心理的な特徴，就労への道のりに存在するバリア，就労支援サービスという 3 つの視点から，述べました。
　知識は得たけれど，やはりどうしても仕事に就くことが難しい。自分に合っ

た仕事が見つからず，職を転々としている……。こうした場合もあるかもしれません。ただでさえ，20年以上昔に就職した親の世代には想像もつかないほど，現在の若者を取り巻く状況は非常に厳しいのです。

　どうしてもうまくいかない場合，どうすればよいのでしょうか。繰り返しになりますが，アスペルガー症候群の人たちにとって，現在のわが国では，一般雇用と障害者雇用のどちらかの方法を選ぶしか方法はありません。しかしどちらを選んでも，途中で変更が可能です。合わないと感じたら，他の方法を考えればよいのです。「就労はお見合いと同じ。よい相手と出会えるまで，何度でも試してみよう」というおおらかな気持ちで，まずは情報を集め，できることは何でも試してみましょう。

　うまくいかないとき，アスペルガー症候群の人たちは，諦めや回避の姿勢を身につけやすい，そういった脆弱性を持つ存在です。自分の希望を口にせず，人生を前向きに生きることを諦めてしまう……。人を信じられず，人から邪魔されないように行動する……。こうした回避姿勢を彼らに身につけさせないことが，何よりも大切です。彼らも，「こうしたい」という希望を持っています。その気持ちを理解し，尊重することを，周囲の人は常に心がけましょう。

　もし本人が障害者雇用に抵抗や違和感を持つ場合，家族はアルバイトやパート探しを，根気強くサポートしてあげましょう。一般雇用の中で本人に合った職場と出会うことは，障害者雇用と比べて，何倍，何十倍も時間とエネルギーが必要です。家族には，「この子が決めたことには，とことん付き合おう」というゆるぎない覚悟と，かなりのサポート力とが求められます。実を言うと，本人が障害者雇用を受け入れられるかどうかも，それまでの家族のサポートのあり方が影響していると考えられます。

　家族は，本人を理解しサポートする最も強力な存在となると同時に，不安と苦痛を与える存在にもなり得ます。本人には将来に向けてどのような準備作業が必要か，そして家族がその作業を適切にサポートするためには何をすべきかについて，これから先の章で考えていきましょう。

〈日戸由刈〉

[文献]

本田由紀：教育の職業的意義―若者，学校，社会をつなぐ―（ちくま新書）．筑摩書房，2009

日本経済団体連合会：新卒採用（2011年3月卒業者）に関するアンケート調査結果，2011

佐々木正美：自閉症児のためのTEACCHハンドブック．学習研究社，2008

ウタ・フリス（著），冨田真紀，清水康夫，鈴木玲子（訳）：新訂 自閉症の謎を解き明かす．東京書籍，2009

佐々木正美：アスペルガーを生きる子どもたちへ．日本評論社，2010

内藤美加：乳幼児期の精神発達とその病理．清水康夫・本田秀夫（編）：幼児期の理解と支援―早期発見と早期からの支援のために―（石井哲夫（監修）発達障害の臨床的理解と支援2）．金子書房，pp.1-26，2012

テンプル・グランディン，ケイト・ダフィー（著），梅永雄二（監修），柳沢圭子（訳）：アスペルガー症候群・高機能自閉症の人のハローワーク．明石書店，2008

横田圭司，千田若菜，岡田智：発達障害における精神科的な問題―境界知能から最重度知的障害の91ケースを通して―．日本文化科学社，2011

高森明，木下千紗子，南雲明彦，高橋今日子，片岡麻実，橙山緑，鈴木大知，アハメッド敦子：私たち，発達障害と生きてます―出会い，そして再生へ―．ぶどう社，2008

ドナ・ウィリアムズ（著），河野万里子（訳）：自閉症だったわたしへ（新潮文庫）．新潮社，2000

トニー・アトウッド（著），冨田真紀，内山登紀夫，鈴木正子（訳）：ガイドブック アスペルガー症候群―親と専門家のために―．東京書籍，1999

ジュネヴィエーヴ・エドモンズ，ルーク・ベアドン（編），鈴木正子，室﨑育美（訳）：アスペルガー流人間関係―14人それぞれの経験と工夫―．東京書籍，2011

パトリシア・ハウリン（著），久保紘章，谷口政隆，鈴木正子（監訳）：自閉症 成人期にむけての準備―能力の高い自閉症の人を中心に―．ぶどう社，2000

厚生労働省：平成23年 障害者雇用状況の集計結果（プレスリリース），2011

梅永雄二（編）：発達障害の人の就労支援ハンドブック―自閉症スペクトラムを中心に―．金剛出版，2010

第3章

家族は何をすべきか

　第3章では，家族の役割について取り上げます。学齢期の段階で，本人には就労に向けてどのような準備作業が必要か，そして，家族がその作業をサポートするためには何をすべきかを考えます。

■ 生活スキルを教える

　全国の発達障害者支援センターには，大学や専門学校などを修了しても仕事が見つからず，長期間にわたり在宅生活を送っている発達障害の人たちが，数多く相談に訪れます。これらの人たちには，「相談の入り口は就労相談であるが，相談を開始してみると，そこには就労以前に解決すべき様々な課題がある」（土岐ら，2009）ことが知られています。

　具体的には，①長期間の在宅生活により，昼夜逆転など日常の生活リズムが不安定になっていてすぐに就労につながらない，②生活の自立度が低く，親，特に母親に依存した生活を送っている，③精神状態が不安定で，精神科治療が優先される，などといったことが課題になっているようです。自分の生活を自分で管理する力を身につけておらず，自己肯定感が十分に育っていない状態にあることが，就労をはじめ社会参加をますます困難にしているのです。

　自己肯定感とは，「自分は，このままの自分でよい」という絶対的な見通しと確信を意味します。この感情が個人の内面にしっかりと育つためには，自分の生活を，自分で管理しようとする構えを持つことが必要です。自己肯定感を

育てることと生活スキルを身につけることは，いわばコインの表裏の関係にあるのです。

知的な遅れのないアスペルガー症候群の人たちにとって，生活スキルを身につけることは，それほど難しい課題ではないように思われがちです。ところが，そこには思わぬ落とし穴があるのです。

生活スキルの発達

そもそも，一般の人たちは，生活スキルをどう身につけていくのでしょう。

幼児期，子どもは家族から，食事，排泄，衣服の着脱など，基本的な日常生活動作や生活習慣を教わります。最初は家族から手とり足とりで教えられても，すぐに自分から取り組むようになります。家族に承認され，達成感を持つことで，自分のことを自分でしていこうとする"自律の態度"が，身についていきます。

小学校に入学する頃には，時間の感覚がわかるようになり，1日の予定や1週間の予定を理解できるようになります。学校の時間割など，スケジュールを意識して行動し，生活にはルールがあることを，身体で覚えていきます。また，持ち物や清潔習慣などの，"自己管理"が身につきます。

小学校半ばになると，子どもは「他人の目に映った自分」を強く意識するようになります。「自分が相手のために何かをしたら，相手はうれしい気持ちになる」ことも，強く意識するようになります。向社会性や道徳性と呼ばれる感情が育ち，手伝いや家事分担に取り組むようになります。

小学校高学年になると，子どもは生活の様々なことを，自分で計画を立てて管理するようになります。そして家族から口出しされること，自分の領域に入り込まれることに，抵抗を感じるようになります。家族から人前で身なりについて指摘されることや，自分の部屋を無断で掃除されることを，極端に嫌がるようになります。親離れの始まりです。

中学生以上になると，子どもは特定の他人の目ではなく，「不特定多数の目」，すなわち社会規範を意識できるようになります。「自分がやらなければ，みんなが迷惑する」ことを，強く意識するようになります。こうして，子どもは自分のふるまいを社会規範に照らし合わせて，気をつけるようになります。精神

的に自立した存在となり，社会にいっそう関心を向けるようになります。社会の一員としての自分を思い描き，自分の管理をますます計画的に，家族に依存しすぎない形でできるようになります。このように，一般の子どもには，一定の就労準備性が自然と備わっていくのです。

アスペルガー症候群の人たちにとっての落とし穴

　生活スキルを身につけることは，アスペルガー症候群の人たちにとって，それほど難しい課題ではないように思われています。確かに，幼児期の日常生活動作や生活習慣までは，比較的順調に身につける人が多いようです。そのためか，幼児期の児童デイサービスなどの療育場面では，アスペルガー症候群の子どもに生活スキルを教えることは，それほど重要とは考えられていないようです。それよりも，対人スキルを教えることの方に，より重点が置かれているように見受けられます。

　ところが学齢期から成人期にかけて，アスペルガー症候群の人たちは生活スキルの領域に，深刻な問題を残す場合が少なくありません。生来，人より物に注目しがち，他人の目を気にしない，周囲から一人前に扱われるかどうかも気にならない，といった心理的特徴を持つために，アスペルガー症候群の人たちは，日常生活動作や生活習慣について自分から進んで取り組むこと，すなわち"自律の態度"が形成されにくいのです。持ち物，清潔習慣，時間，金銭，体調などの"自己管理"も苦手です。生活の主体者であるという自覚が，なかなか育ちにくいのです。

　生活スキルにおける自律や自己管理は，家庭や学校の中では常識や暗黙の了解として扱われることが多く，「どうやって自律や自己管理ができるようになるか」を，大人から改まって教わる機会は限られています。自律や自己管理を促す支援は，アスペルガー症候群の人たちに十分なされていない，いわば落とし穴となっているのです。

『わが家ルール』で教えよう

　この落とし穴を埋めるために，家族は生活スキルの自律や自己管理の方法を，子どもに教える必要があります。具体的には，持ち物，清潔習慣，生活リズム

やスケジュール，金銭などを子どもが自分で管理できるように，ひとつひとつの手順や配慮点を『わが家ルール』にして，具体的に伝えていくのです。

　"百聞は一見に如かず"という諺があります。アスペルガー症候群の人たちは，決まった内容を目で見て覚えることが，非常に得意です。生活スキルは最初からきっちり教えた方が，子どもは着実に身につけることができ，一生ものの財産にしていきます。

　以下のステップを参考に，早速できることから始めてみましょう。

【ステップ1】持ち物の管理

　まず，子どもの持ち物の置き場所を決めましょう。子どもの使うカバンや教科書，文房具の置き場所に，目印や枠をつけておきます。そして，子どもが使った後，「これは，どこにしまうんだっけ？」とゲーム感覚で尋ね，子どもに片付けを促しましょう。

　学校の時間割を見ながら翌日の持ち物を用意する作業も，子どもが完全に自律的に進められるまでは家族が手伝ってあげましょう。子どもは，学校で配られたプリント類の保管も苦手です。プリント類を入れるファイルを用意し，子どもに持たせましょう。担任の先生にも「プリントは，すべてここに入れるよう，子どもに指示してください」とお願いしておくとよいでしょう。

　アスペルガー症候群の人たちは，複数の活動を同時にこなすことが苦手です。家族は，片付けの場所・保管する場所を，できるだけシンプルな形で子どもに教えるように，心がけましょう。子どもが持ち物の管理を自分でできるようになれば，周囲から承認される機会が増え，自己肯定感も育ちます。自分で持ち物を選び，揃える意欲にもつながります。いずれは本や文房具や洋服などを，自分で買いに行けるとよいですね。

【ステップ2】清潔習慣の管理

　毎日歯磨きをする。入浴したら身体や頭を自分で洗う。清潔習慣は，どの動作にも細かい手順や留意点があります。一般の子どもでも，十分に身につけるまでには時間と手間がかかります。

　通常これらのスキルをどのような手順で行うかは，いちいち大人から教わる

ものではなく,「自分で考えて取り組むもの」とみなされがちです。しかし同時総合機能に難しさを持つアスペルガー症候群の子どもには,何をどこから手をつけたらよいのか,さっぱり見当が付きません。

　そこで,家族の出番です。「最初に何をして,次に何をして,……最後に何をしたらおしまい」など活動の手順や流れを整理し,子ども用に「手順表」を作ってあげましょう。それを子どもに見せるだけでなく,家族自身がお手本役として,やり方を実演してあげましょう。子どもに清潔習慣が身につくと,家族からの自立度はぐんと高まります。それと同時に,周囲からの受け入れられやすさも,変わってくるものです。

【ステップ3】生活リズムやスケジュールの管理

　生活リズムやスケジュールの管理は,アスペルガー症候群の人たちにとって,最も難しい課題のひとつかもしれません。なぜなら,時間というものは,目に見えないからです。

　そこで最初は,レベル設定は低いところから始めましょう。「予定を記入し

た月間カレンダー」や,「学校から帰って,寝るまでの日課表」を作成し,親子でいっしょに眺めることから始めるのです。いっしょに眺めて,やりとりをしながら,子どもにスケジュールを確認し,それに沿って行動することの大切さを実感できるよう促します。日々の予定を把握し,日課に沿って自分から行動できるようになると,子どもの達成感は増し,自己肯定感につながります。

　小学校高学年になったら,子どもの日々の生活リズムやスケジュールについて,子ども自身に妥当性や是非を考えさせ,責任を持たせてみましょう。特に起床時間と就寝時間は,大切です。学校に遅刻せず登校できるために,何時に起床し,何時に家を出るのか。その時間に自分で起きるために,何時に就寝すればよいのか。これらを,子どもに自分で考えさせるのです。

　中学生以上になったら,学期ごとの試験や入試に向けて,勉強の計画をどのように立てるのかも,子どもに考えさせましょう。その際,多少の失敗や「痛い目に遭うこと」も,子どもの自律にとって必要な体験になります。家族は原則（『わが家ルール』）を伝えた後は,口出ししたい気持ちをぐっとこらえて,見守ってみましょう。

　小学校高学年から中学生にかけての,子どものスケジュール管理に対する自律性は,将来の就労コースを考えるうえで,ひとつの判断材料になります。本人と家族の努力の結果,どのような状態に達したかによって,就労のコースを一般雇用だけに狭めず,広く想定しておくことも必要になってくるでしょう。

【ステップ4】金銭の管理

　小遣い制は,子どもが金銭の価値を知り,金銭の管理を自分で行うための,大切な学習の機会になります。

　そもそも小遣い制とは,家族から毎月決まって渡される金銭的な援助の仕組みです。子どもが自力で収入を得るようになれば,家族から援助を受ける必要はなくなります。このことは常識や暗黙の了解として扱われる場合が多く,それを理解できないアスペルガー症候群の子どもは,雨が空から降ってくるのと同じ感覚で「小遣いは,家族から与えられて当然のもの」と考えがちです。

　このため,小遣いが足りなくなったとき,アスペルガー症候群の子どもは,どうしても依存的になりがちです。残高を気にせず高額な物を欲しがり,家族

にさらなる金銭を要求する。家族の財布から無断で金銭を抜き取り，「ちょっと借りただけ」「お年玉の貯金から返せば，問題ないだろう」と開き直る。こうしたエピソードが，よく聞かれます。自然に任せるだけでは，金銭の価値を理解することは難しいのです。

　小遣い制を始めるにあたり，家族はまず「小遣い制とは何か」を，子どもにしっかりと説明しましょう。原則を伝えたうえで，実際どう使うかは子どもの判断と責任に任せます。試行錯誤を通じて，子どもは金銭の価値を体感することでしょう。中学生以上になったら，1か月分の食費や通信費，外食やカラオケなどレジャーにかかる金額など，日常生活と結びついた金銭感覚を少しずつ身につけていけるとよいですね。

　高校生以上になり，アルバイトや就職で一定の収入を得るようになったら，家族は小遣いの金額を減らすこと，あるいは子どもに家に一定の金額を入れてもらうことも，最初から『わが家ルール』として伝え，子どもと合意しておきましょう。私たちは，これに成功した家族を何組も体験しています。金銭を自律的に管理できるようになると，子どもの自立心もぐっと前進します。

身につけることが難しい生活スキル

　本人と家族がどれほど努力をしても，アスペルガー症候群の心理的な特徴ゆえに，本人にとって身につけることが難しい生活スキルもあります。家族はこれらの限界を知り，サポートを続ける心がまえを持ちましょう。

【限界1】体調の管理

　アスペルガー症候群の人たちの多くが，感覚系の問題を共通して持っています。彼らの多くは，自分の体調の軽微な異変に鈍感です。疲れやストレスが溜まっている，少し風邪気味で身体がだるいなど，初期症状に気づきにくいのです。本人が苦痛を訴えるのは，病状がかなり悪くなってからということが少なくありません。体調管理については，家族は本人の判断に任せすぎないことです。そして症状が認められたら，「布団に入って身体を休める」「病院に行く」など早めの対策を，具体的に本人に助言しましょう。

【限界2】ストレス・マネジメント

　ストレスに対する自覚の低さも，共通してみられます。本人が自覚するより前から，ストレスは様々な形で身体や行動に表れています。寝つきが悪い，早朝に目覚める，食欲が異常，イライラが増える，いつもより早い時間に登校・出勤していく，身支度がなかなか進まない，好きなテレビを見ないなど興味や関心の幅が狭くなる，家族と会話をしなくなるなど，本人にいつもと違った様子や行動がみられた場合，本人が強いストレスにさらされている可能性を考えなくてはなりません。家族は，学校の教師や同級生の親から状況を聞くなどして，周辺情報を集め，ストレス因を推測し，対策を講ずる必要があります。

　社会に存在する様々な不都合を，完全に解決することは不可能です。本人も家族も，"ストレス・マネジメント"という発想を持ちましょう。生活のバランスを見直し，子どもが余暇や仲間づきあいにもしっかりとエネルギーを割けるためには，家庭外のサポートも欠かせません。第4章から第6章では，家庭外のサポートのいくつかを，詳しく紹介しています。

【限界3】金銭トラブルへの対処

　順調に育った人ほど，青年期になると，社会との接点が増えていきます。訪問販売やキャッチセールスなど金銭トラブルが生じた際，アスペルガー症候群の人たちはどう対処したらよいかわからずパニックとなり，相手の言うままに動いてしまい大損することもあります。残念ながら彼らは，被害に遭いやすいタイプと言えます。

　そこで，家族は「1万円以上の支払いが必要なときは，まず家族に相談」というような『わが家ルール』を決めておきましょう。また，本人から相談や報告があったときには，頭ごなしに叱らず，本人の語った要点を紙に書きながら，丁寧に聞き取りを行いましょう。

　アスペルガー症候群の人たちは，因果関係の把握が難しく，犯罪に遭っても，その経緯を上手に人に伝えることができません。家族には，状況を把握し，本人が警察や学校に報告する際の，仲介役や通訳の役割も求められます。

■ 家事分担を促す

『アスペルガー症候群・高機能自閉症の人のハローワーク』の著者であるグランディンは、自身もアスペルガー症候群と診断される著名な動物科学者です。彼女はこの本の中で、学齢期からの労働習慣の大切さを、次のように強調しています。

「若いうちの仕事の経験はまさに私に必要なものでした。はっきり言うと、バランスのとれた人生と成功をつかむためには、自閉症スペクトラムの人たち全員にこうした経験が必要なのです。人間の経験の中で、仕事はとても大きな割合を占めます。だから重要な仕事だろうと、そうでない仕事だろうと、とにかく仕事をすることが誰にとっても大切なのです。」

実際、彼女は13歳のときに母親に言われて裁縫師の助手として働き、それ以後も寄宿学校の納屋の屋根葺き、寮の増築作業、牧場での家畜の世話などを経験しています。

アスペルガー症候群の人たちにとって、学齢期から家事や労働の習慣を持つことは、将来の就労に向けて大きな意味があります。『わが家ルール』を教える際には、自分の生活の管理だけでなく、ぜひ家事分担も含めてみましょう。

最初は簡単な手伝いから

小学校低学年では、毎朝リビングのカーテンをあける、新聞を取ってくる、食事前にテーブルを拭くなど、簡単な家事を子どもに分担させましょう。最初は無理をせず、子どもが1人で確実にできそうなことを任せて、達成感と承認される機会を増やしましょう。子どもの意欲を育てることが、大切です。

初めて任せる際は、「手伝いをしなさい」と指示するのではなく、「手伝いをすると、みんながうれしい気持ちになる」という社会生活における人間関係の基本を、子どもに丁寧に説明します。子どもが納得したら、「やってみる？」と提案しましょう。これらを紙に書いて伝えるようにすると、子どもはより理解しやすいでしょう。

子どもが、手伝いを毎日の自分の役割と自覚するために、家族には、カレン

第3章　家族は何をすべきか

ダーにシールを貼るなどして，子どもの達成感を目に見える形に変換してやる工夫が求められます。そして家族みんなでカレンダーに注目し，子どもの取り組みを承認する機会も持ちましょう。達成感と承認を通じて，子どもは家事分担の大切さを体感します。将来の就労に向けた準備が進みます。

　また，家族は忘れず感謝の言葉を伝えましょう。「ありがとう」という言葉かけは，家事分担に向けた子どもの意欲を高めるだけでなく，後で述べるように，子どもの将来に役立つ，対人スキルの手本を示すことにもなります。

　ご褒美や小遣いと交換条件に手伝いをさせることは，勧めません。目の前の報酬ばかりに注意が向き，社会生活における人間関係の基本を学ぶことは，より難しくなってしまいます。子どもが，いつかは「みんなのうれしい気持ち」に注目して取り組めるように，辛抱強く進めましょう。

本格的な家事労働の分担

　簡単な手伝いの習慣が定着して1～2年過ぎたら，今度はより本格的な家事を分担させてみましょう。風呂掃除，皿洗い，ゴミ捨てなど，身体を使った家事労働がよいでしょう。頻度は毎日でなくても，間隔や曜日をはっきりと決めて提案することが大切です。

　提案時も，「家族の一員として，協力すべきである」など，一人前扱いの説明をしてみましょう。そして，"トライアル雇用"の期間をつくり，子どもが分担された家事のスキルをきちんと身につけ，周囲が「これなら，1人で任せられる」と判断してから，任せるのです。

　いつから「1人で任せられる」かは，子どもに「最初から最後まで，仕事としてきっちり取り組む姿勢」が身についたかどうかで判断します。風呂掃除を例に挙げると，バスタブをスポンジで軽くひとなでして終わらせるようでは，

いけません。「ピカピカになるように，ぎゅっぎゅっと力を入れて」「隅から隅まで」こする必要があることを，子どもが理解し，実行できているかどうかです。家族が，手順と留意点を紙に書いて示し，繰り返し実演してみせて教える必要があります（萬木ら，2012）。

　本格的な家事分担は，子どもに「自分が役割を果たさないと，みんなが迷惑」という，新たな人間関係の基本を学ばせる機会にもなります。子どもが役割を果たし損ねた場合（さぼった場合），家族は子どもを責めるのではなく，「困った」「迷惑」という家族の気持ちを淡々と伝えてみましょう。子どもが相手の気持ちに気づき，迷惑をかけたという感情を経験できれば，大きな進歩です。

　本格的な家事分担では，「終わったら，報告」と「わからないときは，相談」も手順の一部として，紙に書いて子どもに伝えましょう。報告や相談は，アスペルガー症候群の人たちが苦手とする対人スキルのひとつです。学齢期の段階から，体験できるとよいですね。

アルバイトの経験

　高校生以上になったら，アルバイトを経験するのもよいことです。学生時代のアルバイトは，「職業生活は，あらゆる点で学生生活と異なる」という基本

的な構図の理解や，自分の適性についての認識（第2章参照）を促す貴重な体験になり得ます。また，学生時代のアルバイトは，失敗しても深刻な心の傷や自己肯定感を損なうリスクが比較的少ないかもしれません。

そうは言っても，せっかく経験するのですから，できれば成功させてあげたいものです。家族は，子どもがアルバイトに興味を示したら，わが子の特性や性格を考え，向いている業種や働く場所を，具体的にアドバイスしましょう。また，履歴書の書き方や面接のポイントを教え，時には手伝うことも必要です。こうした経験すべてが，将来の就労に向けて大いに役立つことでしょう。

■ 対人スキルを教える

対人スキルとは，他者と接するときに必要なコミュニケーションや社会性のスキルを指します。アスペルガー症候群の人たちに対人スキルを教えることは，将来に向けた就労準備に欠かせません。

ただし対人スキルの中には，生活スキル以上に，周囲がどんなに教えても本人が身につけることの難しいスキルもあります。例えば，他者と会話を続けること，巧みに誘うこと，約束を取り付けること，円満に断ること，話し合って合意に達すること，相手と自分の都合を考えて調整すること，相手と親密な関係を築くことなどです。これらの，同時総合機能や直観的な心理化を含む高度で複雑な対人交渉スキルは，多くのアスペルガー症候群の人たちにとって仕組みを理解することも，教えられたスキルを使いこなすことも，どちらも非常に困難です。

では，どのような対人スキルであれば，家族にも教えることができるのでしょう。

人間関係をよくする「ちょっとした一言」

対人スキルの中には，相手の気持ちや文脈をそれほど深く考えなくても，決まった場面で決まった言葉かけをすることで，周りから好印象を持たれるスキルがたくさんあります。私たちはこうした言葉かけを，「人間関係をよくする，ちょっとした一言」と呼んでいます。挨拶はそのひとつです。

一般の子どもは「ちょっとした一言」を，周囲の大人の日常的なやりとりに注目しながら，自然と学んでいきます。しかし人より物に注目しがちなアスペルガー症候群の人たちにとっては，これだけでは十分に学ぶことはできません。決まった場面で繰り返し手本を見せながら，わかりやすく具体的に教える必要があります。

　子どもは家族の手本を見ても，すぐに真似しないかもしれません。しかし，繰り返し観察させることで，子どもの内面にある引き出しに「ちょっとした一言」のレパートリーは蓄積されていきます。いつか使えるようになるでしょう。すぐに真似をしなくても，よいのです。

　学齢期のうちに特に触れておくとよい「ちょっとした一言」を，私たちがアスペルガー症候群の青年とご家族から聞いた経験をもとに，紹介します。

「すみません」

　「ちょっとした一言」の中には，理屈で考えるとかえって納得しづらい内容も含まれます。「すみません」という言葉かけは，その代表例です。「すみません」には，「申し訳ない」という本来の意味の他，「ありがとう」という意味で用いる場合もあれば，「もしもし」と相手の注意を引くために用いる場合もあります。

　アスペルガー症候群の人たちは，こうした多義的な言葉の使い方を好みません。彼らの多くが，「すみません」を本来の「申し訳ない」という意味だけで理解しています。そして私たちと違って，この言葉を気軽に用いようとしません。例えば彼らが遅刻をした場合，自分に明らかな非があれば，「遅れてすみません」と言うかもしれません。しかし，交通機関の遅れなど不可抗力の場合，「遅れてすみません」とは言わないでしょう。むしろ，「遅れたのは，自分のせいではない」と，自分の正当性をはっきり主張するかもしれません。

　アスペルガー症候群の人たちは，理屈を好みます。彼らが「理屈で考えると，納得できない」と言う前から，家族は"理屈ぬき"で手本をたくさん見せてあげられるとよいですね。

「どうぞ」「ありがとう」

「どうぞ」と「ありがとう」ほど,「自分が何かをしたら,相手がうれしい気持ちになる」という人間関係の基本を,子どもにわかりやすく教える言葉かけは,他にありません。「どうぞ」と言って相手に渡す,「ありがとう」と言って受け取る。しかし,家庭の中で私たちは,意外とこの言葉を使っていないものです。ちょっと照れくさいかもしれませんが,まずは家族同士で,意識して使ってみませんか。

贈り物の受け渡しを通じて,「どうぞ」と「ありがとう」の言葉かけを使う機会を,子どもに体験させてみましょう。例えば,親子でいっしょにお菓子をラッピングして,お世話になった人に渡すのです。相手のうれしい表情に,子どもが注目できるとよいですね。母の日,父の日や敬老の日の贈り物,年賀状など,年中行事を活用するのもよい方法です。

「楽しかったね！」

私たちは,楽しかった感情と不快だった感情の両方を,同時に抱くことができます。不快体験によるショックがどんなに大きくても,そのことで楽しかった感情が消されてしまうことはありません。

しかしアスペルガー症候群の人たちは,不快体験に注意が強く向きがちな特徴を持っています。不快体験による混乱や苦痛の方が,強烈な感情となって残りやすいためでしょう。このため活動全体を楽しめていても,途中で不快な体験に遭遇すると,不快な感情や記憶ばかりが強く残ってしまい,楽しかった感情や記憶がスッポリと抜け落ちてしまうことが,よくあります。例えば,遠足に楽しく参加できていても,帰りのバスの中で車酔いになったら,「遠足は,全然楽しくなかった」という感想で終わってしまうのです。

子どもが活動を心から楽しんでいると判断できた場合，家族は「楽しかったね！」「よかったね！」「うれしかったね！」など，子どもの気持ちを表現する言葉かけを意識して使ってみましょう。不快な体験や感情よりも，楽しかった体験や感情を言葉ではっきりと輪郭づけ，スポットライトを当てることで，子どもの注意や関心を促すのです。
　アスペルガー症候群の子どもが楽しかった体験を自分の内面にしっかりと受け止め，思い出として蓄積することは，自己肯定感を育むために，とても大切です。最後はいつも「楽しかったね！」で終われるとよいですね。

「残念だったね！」「ドンマイ！」

　幼児期から学齢期にかけて，アスペルガー症候群の子どもの多くが，勝ち負けや順位にこだわります。いわゆる『一番病』です（清水ら，2001；中村，2012）。「他人の目に映った自分」を意識することが難しく，自己概念の発達が遅れがちである彼らは，自分の内面に価値を形成することが苦手で，周囲の情報に振り回されがちです。『一番病』は，周囲の大人が重要と考える価値に，子どもの興味や関心の焦点が強く当たりすぎてしまったことによって生じるのです。
　負けたとき，一番になれなかったとき，アスペルガー症候群の子どもは非常にショックを受けます。しかも，負けたときのふるまい方，感情の切り替え方を，誰も教えてくれません。どのようにふるまえばよいかわからず，ますます不安を強め，パニックを起こしてしまうこともあります。
　そんなとき，家族は「残念だったね！」「ドンマイ！」など，子どもが自分の感情を切り替えるための言葉かけの手本を，子どもの立場に立って示しましょう。いつか子どもがこうした言葉を使って，自分の感情を自分でコントロールできるとよいですね。これらの言葉かけは，負けた本人のみならず，周囲が負けた人に対し，どのような態度で接するべきかの手本にもなります。
　ところで，「ドンマイ！（Don't mind !）」という言葉には，「気にするな」，つまり相手を許すという意味もあります。アスペルガー症候群の人たちは，何事も白黒はっきり決着をつけようとする特徴を持ち，相手を許すことが苦手です。"ドンマイ"という大切な態度が身につくよう，子どもに繰り返し手本に

触れる機会を持たせてあげましょう。

エチケットやマナーは紙に書いて教える

　エチケットやマナーもまた，相手の気持ちや文脈を考えなくても，決まった場面で決まった行動をとることで，相手から好印象を持たれる対人スキルのひとつです。

　エチケットやマナーは，それを守らなくても特定の他者に迷惑をかけることにはなりません。一般の子どもは「不特定多数の目」を意識して，気をつけます。しかし，人目をあまり気にしないアスペルガー症候群の人たちにとっては，問題意識や困り感を持ちにくく，身につきにくい領域と言えます。

　家族は，理屈をひとつずつ丁寧に，教えましょう。理屈が納得できれば，アスペルガー症候群の人たちもそれを学び，気をつけるようになります。

　最近は一般向けのマナー本が数多く出版されていますが，アスペルガー症候群の人たちにとっては，内容が煩雑すぎて，わかりにくいようです。よりシンプルで，具体的な書き方が望ましいのです。家族が自分の子どもに合わせて，ひとつずつ書いて伝える方法は最も効果的です。書き溜めていけば，エチケットやマナーについての，オリジナルのテキストができあがります。

　テキスト作成のポイントは，できるだけ本人の実生活と切り離した，一般的な書き方をすることです。説教や反省のモードで作ると，子どもは見向きもしません。子どもの興味を惹き，「これは気をつけよう」と自分で思える内容がよいのです。作成にあたって，『ソーシャルストーリー$_{TM}$』という技法が参考になるでしょう（第5章で，実践例を紹介します）。

言葉が先にあれば，感情や価値は後からついてくる

　紹介した「ちょっとした一言」や「エチケットやマナー」は，人といっしょに活動するときに，相手に向けてどのような感情を伴わせてふるまうべきか，あるいは自分の感情をどのようにコントロールすべきかを，シンプルに表現した言葉です。

　言葉は，行動のみならず，感情をコントロールする手段にもなります。家族は手本を示すことやテキストを作ることを通じて，自分の感情を自分でコント

ロールする方法を，子どもに教えているのです。

　家族からの言葉かけの大切さは，一般の子育てにも共通して言えることです。しかし周囲からの情報に振り回されやすいアスペルガー症候群の子どもにとっては，身近な大人の発する言葉は，一般の子どもにとっての何倍もの影響力を持っています。この特徴は，アスペルガー症候群の子どもにとって，プラスにもマイナスにも働きます。先ほどの『一番病』は，マイナスに働いた一例です。幼児期から学齢期は特に，子どもにとってプラスになる言葉かけを，家族は心がけたいものです。

■ 子どもの楽しさを尊重する

　子どもが自己肯定感を育むためには，生活スキルや労働習慣，対人スキルなどを身につけ，達成感や承認される体験を積むことだけでなく，自分が心から楽しむ経験も必要です。

　アスペルガー症候群の人たちは，多数派である一般の人たちと異なる感性や興味を持ちます。このため周囲の人たちが，多数派とすべて同じようにさせることばかりを重視すると，アスペルガー症候群の人たちは自分なりの楽しみや

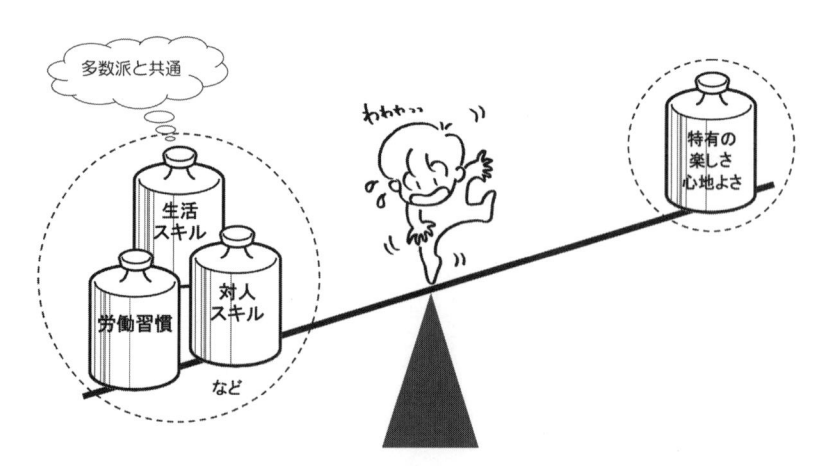

図3-1　内面発達のアンバランス

心地よさを体験しづらくなってしまうかもしれません（図3-1）。

　自己肯定感はバランスのとれた内面発達があってこそ，しっかりと育まれるものです。生活スキルや労働習慣，対人スキルを身につけ達成感や承認される体験を持つことと，特有の楽しさや心地よさを尊重されること。この両方のバランスが，アスペルガー症候群の人たちにとって非常に難しいのです。これを読むだけではピンとこない方も多いかもしれません。もう少し詳しく見ていきましょう。

多数派の人たちと異なる，特有の楽しさ

　アスペルガー症候群の人たちが楽しむことが難しいと聞くと，ほとんどの人たちは首をかしげます。彼らは，私たちと同じように，楽しむことそのものはできるのです。それでは何が問題なのでしょう。

　多数派の人たちが楽しさを感じる内容は，複雑な対人交渉を含む活動です。幼児期の仲間集団でのごっこ遊びやルール遊び，学齢期以降の親しい仲間同士での会話やサークル活動などは，最も楽しさを感じる活動です。多数派の人たちは，同じことの繰り返しを嫌います。発展性や意外性のある活動を通して，他者との共感，相互性，連帯感，かけひきや競争心など，複雑な対人交渉をしていくことに，格別の楽しさを感じるのです。

　一方，アスペルガー症候群の人たちが楽しさを感じる内容は，多数派の人たちと質的に大きく異なります。彼らが惹かれるのは，1人で取り組むことのできる，物を使った活動です。同じやり方で，繰り返し取り組める活動を好みます。構造や法則性が決まっている方が興味をかき立てられ，その興味を狭く深く追求し，膨大な知識を得ることに，格別な楽しさを感じるようです。一方，多数派の人たちが好む複雑な対人交渉は，アスペルガー症候群の人たちにとっては，煩わしく感じられることが多いようです。

「黒ひげゲーム」にみる，楽しみ方の違い

　アスペルガー症候群の幼児のグループ療育の場面で，こんな光景を目撃したことがあります。「黒ひげゲーム」というゲームがあります。黒ひげ人形の入った樽を，プラスチックの剣で差していくと，そのうち人形がぽーんと飛び

出すものです．一般の子どもは，幼児期後半になると，2〜3名で取り組み「誰のときに，人形が飛び出すだろうか」という，わくわくした感情の共有を楽しむことができます．

　その療育場面では，アスペルガー症候群の子どもたちは，1人がゲームを占有している最中，他の子たちは別の玩具で遊んでいました．ゲームを占有した子どもは，人形が飛び出すまで剣を差し続け，終わると淡々と次の子に渡していました．彼らの興味の対象は，あくまでゲームの仕組みであって，仲間同士で感情を共有することではなかったのです．それでも最後は「みんなで黒ひげゲームをして，楽しかった」と感想を述べていました．

　実は，アスペルガー症候群の成人を集めて行った集団活動で黒ひげゲームを行ったときにも，まったく同じことを経験しました．成人ですので，通常の遊び方のルールは知っており，はじめのうちは通常のルールでゲームを進めていたのです．ところが，何回かゲームを行ったところで参加者の1人が提案して，1人ずつが人形が飛び出すまで剣を差し続け，その回数を記録して次の人に渡し，回数の多少で順位を競うというルールに変更したのです．彼らもやはり，他の人が剣を差し続けている間は手元にある本を読むなど思い思いの過ごし方をしていました．それでも自分の順番が回ってくると熱心に剣を差し，回数を

記録用紙に書き込んで次の人に渡していました。アスペルガー症候群の人たちは，成人になっても特有の楽しさを感じることに変わりはないと，痛感させられるエピソードでした。

このように，アスペルガー症候群の人たちの楽しさや心地よさは，多数派の人たちと質的に大きく異なる場合が多いのです。家族や周囲の人たちは，この違いを十分に理解することから，始めましょう。

他者と楽しさを共有すること，他者から尊重されることの難しさ

問題は，アスペルガー症候群の人たちの特有の楽しさが，周囲の人たちからは共有されにくいこと，さらには尊重されにくいことにあります。この問題は深刻です。

アスペルガー症候群の人たちは，多数派の人たちと同じように，自分の楽しさを他者と共有したい気持ちを持っています。しかし，多数派の人たちと違って，注意は物に向きがちです。リアルでエキサイティングな感情の共有は，あまり好みません。彼らにとっての楽しさの質は，多数派の人たちとあまりに異なります。複雑な対人交渉を好まず，同じことの繰り返しを好むため，周囲から退屈と思われることも多いようです。

周囲との違和感や疎外感を何度も経験したアスペルガー症候群の人たちの中には，自分が楽しいと感じたこと，興味を持ったことを，人前で率直に口に出せなくなってしまう人もいます。そして次第に，他者とのやりとりを避けて，自分1人で没頭するようになるのです。

あるいは，周囲から浮いてしまわないように，"仮面をつけて，ふるまう"態度を身につける人もいます。本当は楽しいと思っていないことでも，みんなといっしょに楽しんでいるふりをするのです。

子どもの内面にある不安や葛藤は，なかなか表に現れにくいものです。他の人の迷惑や生活の妨げにもならないため，家族は問題になかなか気づきません。「やっとみんなと同じことに興味を示してくれるようになって，よかった」と誤解したまま安心する家族もいるでしょう。

自分の楽しさや興味を，周囲からきちんと認めてもらえないことは，自分の存在を否定されることと同じです。人生の土台づくりの時期に，身近な人たち

から自分を否定される体験が，将来の自立や社会参加にどれほどマイナスの影響を及ぼすかは，計りしれません。この問題を防ぐためには，周囲の人が彼らの特有の楽しさを理解しようと，歩み寄りの姿勢を持つことが非常に大切です。

　やってみよう！　こちらからの歩み寄り

　学齢期以降になると，本人と家族がいっしょに楽しめる接点は限られます。まったくのすれ違いになってしまうことすらあります。以下に，子どもと接点を持ち，家族の側が本人の楽しさに歩み寄るための工夫を，紹介します。

【工夫1】子どもの『見せたい物』を見せてもらう
　子どもが興味を持っているグッズやテーマを『見せたい物』と呼び，家族が見せてもらいましょう。その際，たとえ理解や共感はできなくても，「こういう物が好きなんだね」と尊重する態度を，子どもに示しましょう。相手の興味を尊重することは，相手を尊重することにつながります。
　家庭外にいる，理解を得ることのできそうな人たちのところにも，子どもが『見せたい物』を見せに行く機会を，積極的に作ってあげましょう。例えば医療機関の主治医や心理士，特別支援学級や通級指導教室の教師，仲間同士での習い事やサークル活動の場に，『見せたい物』を見せに行くよう，子どもに促すのです。多くの人に尊重されるほど，子どもの自己肯定感は育っていきます。将来に向けたエネルギーの"充電"も進むことでしょう。

【工夫2】こちらの興味あるイベントに誘う
　多数派の興味や関心事にも，たまには付き合ってもらいましょう。例えば，季節に応じて，地域の公園では桜まつりや花火大会などのイベントが開催されます。あるいは博物館や美術館，コンサートもよいでしょう。中学生以上になると，一般の人たちであっても，興味のない場所には，家族といっしょにあまり行きたがらないものです。しかし，本人がよほど嫌がらない限り，誘って連れ出してみましょう。行ってみれば，関心が持てるかもしれません。新たな発見，興味の広がりが期待できるかもしれません。

【工夫3】食卓に好物を

　中学生以上になると，子どもは家族と言葉を交わさなくなるものです。アスペルガー症候群の人たちの中にも，そういうケースは多くみられます。特に，自分の思い通りにならないとき，家族と衝突したときは，ブスッとして目も合わせようとしません。そんなときは，夕食に子どもの好物を用意しましょう。例えば，焼き肉が好きな子どもであれば，焼き肉をつつきながら家族が話しかけると，子どもの心は少しずつほぐれるかもしれません。

尊重する姿勢こそが何よりも大切

　アスペルガー症候群の人たちが楽しさや興味を感じる内容について，家族はたとえ理解や共感ができなくても，「マイナーでオタク趣味だ」と感じられても，決してそのマイナスの感情を子どもの前で露わにすべきではありません（もちろん社会的に問題ある内容であれば，きちんと指導する必要があります）。相手の興味を軽視することは，相手を軽視することと同じです。

　一方，アスペルガー症候群の人たち特有の楽しさや興味に，家族が無理をして付き合う必要もありません。本人と家族では，楽しさの質が違うのです。家族と本人の両方が，違いがあることを十分に理解しましょう。そして，家族が子どもの『見せたい物』を見せてもらう，家族の興味に本人を誘うなど，歩み寄りの機会を家族の側からしかけていくのです。

　最終的には，楽しさの質の異なる者同士が，互いの興味の持ち方を尊重し合う姿勢を持つことが，ゴールになります。アスペルガー症候群の子どもにとっては，学齢期に自分の楽しさや興味を他者から尊重される体験は，将来の自立と社会参加に向けた自己肯定感という土台を，しっかりと育むエネルギー源になるでしょう。

■ おわりに──親離れ・子離れの難しさ

　学齢期のアスペルガー症候群の子どもを育てる家族には，子育てのモード・チェンジが求められます。親子いっしょに取り組むモードから，親子で"契約"するモードに切り替えるのです。

アスペルガー症候群の子どもは親離れがなかなか進みにくいと言われます。家族の側も，幼児期から続けてきた子育ての姿勢を，切り替えるタイミングが図りにくくなってしまいます。その結果，日常生活上のこまごまとした事柄から人生の選択肢に至るまで，家族が子どもの領分に口を出す状態がいつまでも続きます。喩えれば，家族が子どもに対して，いつまでもディレクターのようにふるまい続けているのです（日戸，2011）。

　この問題を防ぐには，家族は原則（『わが家ルール』など）を子どもに伝え，後はぐっとこらえて子どもの試行錯誤を見守る姿勢が求められます。子どもが生まれたときから，ずっといっしょに取り組むモードを続けてきた家族にとって，これはなかなかの精神修行です。

　さらに，アスペルガー症候群の人たちは，困ったときの「相談」や終わった後の「報告」が，とても苦手です。子どもが相談や報告をできるために，家族は黒子（くろこ）になってサポートを続ける必要があります。黒子とは，舞台の上で俳優が自由に演技をするための介添え役です。ディレクターとは役割が異なります。

　そのためには，第2章で述べたアスペルガー症候群の心理学的特徴や，アスペルガー症候群の人たちに共通する特有の楽しさや心地よさについて，十分な理解が必要です。子どもが自分で判断し，自分で行動できるように，そして自己肯定感を擦り減らさないように，脇からさりげなくサポートするのが，黒子の大事な役割なのです。

　多数派の社会の中で，少数派の子どもが自分の人生を前向きに歩むために，黒子の存在は欠かせません。しかし，それは「常に家族が決めて，子どもに従わせる」という一方向的な関係であってはならないのです。

　青年期以降に生じる問題に対して，家庭内だけですべてを解決することは，難しいものです。家族は，家庭外の資源に積極的に目を向けましょう。地域の支援機関やネットワークを，子ども自身が上手に活用できるためのサポートも，大事な黒子の役割です。第4章からは，中学生以上のアスペルガー症候群の子どもが自己肯定感をいっそう育むために役立つ，いくつかの支援のあり方を紹介します。第1章の3人の青年にも，ふたたび登場してもらいましょう。

〈日戸由刈〉

[文献]

土岐淑子, 中島洋子:高機能広汎性発達障害の就労支援. 児童青年精神医学とその近接領域, 50(2);122-132, 2009

テンプル・グランディン, ケイト・ダフィー(著), 梅永雄二(監修), 柳沢圭子(訳):アスペルガー症候群・高機能自閉症の人のハローワーク. 明石書店, 2008

萬木はるか, 武部正明, 日戸由刈, 三隅輝見子, 本田秀夫:自閉症スペクトラム障害の学齢児のための『ひとりだちの教室』—家事分担を鍵とした社会参加の促進—. LD研究, 21(4);470-478, 2012

清水康夫, 中村泉, 日戸由刈:「一番になりたい!」—高機能自閉症において社会性の発達に伴って生じる新たな固執症状への早期対応—. 総合リハビリテーション, 29(4);339-345, 2001

中村泉:社会性の発達病理への予防的介入[2]—葛藤状況のシミュレーションによる療育プログラム—. 清水康夫・本田秀夫(編):幼児期の理解と支援—早期発見と早期からの支援のために—(石井哲夫(監修)発達障害の臨床的理解と支援2). 金子書房, pp.115-122, 2012

日戸由刈:発達障害の中学生・高校生への支援. 精神科臨床サービス, 11(2);212-215. 2011

第4章

医療機関の役割

　思春期は，アスペルガー症候群の人にとって精神保健の問題が最も生じやすい時期のひとつでありながら，同時に，医療機関の受診に向けた本人の動機づけが大変難しい時期とも言えます（厚生労働科学研究, 2011）。動機づけがうまくいかないまま，危機介入の時機を逸してしまうケースは，後を絶ちません。中学生・高校生になったアスペルガー症候群の本人自身が，「人に相談する」というスキルを獲得していくための支援は，臨床の大きなテーマです。

　この章では，アスペルガー症候群の人たちにとって医療機関が果たす役割を，特に思春期を中心に述べていきます。

■ Aさんの事例から見えてくること

　第1章で取り上げたAさんの事例では，成人になる前に2回，医療機関の関わりが必要になった時期がありました。

　1回目は幼児期です。発達の異常に気づいた保育者の勧めにより，両親が相談に訪れています。このとき，「自閉症の軽いタイプ」という表現で，Aさんに発達の障害があることが両親に告知されました。しかしこの1回目の医療機関の利用からは，その後のAさんの学校生活が比較的順調にスタートしていったこともあり，いつの間にか足が遠のいてしまいました。

　2回目の医療機関の受診は，まさに思春期に必要となりました。母親は，Aさんに発達障害があることを忘れたわけではありませんでしたが，献身的な支

えがあれば障害を乗り越え，人並みの学校生活が送れるはずとも信じてきました。しかし，部活動での対人トラブルをきっかけとして，Aさんの精神保健に危機が訪れます。物事に取り組む意欲が低下し，継続的な登校が困難になってしまったのです。最終的には薬物療法を一時的に受け，精神保健の一定の回復を見て登校は再開されています。ただし，この2回目の受診を本人に同意してもらうには，実はかなりの苦労がありました。

　両親は共に，昼夜逆転してしまったAさんの生活が，気になって仕方ありませんでした。また，学校を休んではゲームやパソコンにのめり込む姿に，異様な印象を覚えていました。一番状態がよくないときのAさんは，皆が寝静まった後に起きてくるパターンでしたから，家族とさえコミュニケーションがろくに取れません。遅かれ早かれ，社会との接点を失いひきこもりになってしまうのではないかという危惧を家族に抱かせたのです。

　この生活パターンが実は，学校での強いストレスにさらされ疲弊していたAさんを癒し，エネルギー補給をするために必要なものであったと，主治医は説明しました。Aさん自身にとってはまさに，「安心して過ごせる，巣にこもったような状態」だったのかもしれません。Aさんの胸のうちは，このパターンで安住していたいという気持ちと，中学生なのだから学校を休むのはよくないことだという自責感が入り混じり，複雑な状況でした。しかし，もともと自分の内面を言葉で表現することが苦手なAさんにとって，こうした気持ちを自覚して相手に伝えることは，とても難しかったようです。

　ところが，小さい頃に通っていた医療機関にもう一度受診してみようと，両親がAさんを誘ったとき，Aさんはなかなか前向きな気持ちになれませんでした。それどころか，ふだんはおとなしく従順に見えたAさんが，医療機関への受診を勧められたときには話しかけられても無視したり，イライラして攻撃的な態度をとったりしたのです。このときのAさんの気持ちを，ちょっと推測してみましょう。

　これから受診するのが「精神科」という診療科なら，自分は精神的にどこか病気なのか。友達とうまくいかずに，学校が嫌になってしまったのは，自分がいけなかったのか。診察では，自分の非を責められるのではないか。自分にとって会いたくない世界の人が，また1人増えるだけではないのか。自分はそ

こで，いったいどのようにふるまえばいいのか。

　実際には，おそらくこれらの気持ちの半分どころか，きっと5分の1ほども，Aさんはうまく言葉にできなかったことでしょう。そのような不安な感情が，親への無視や攻撃的な態度となって表れていたのです。

　母親は事前に医療機関の相談窓口に1人で出向き，本人の受診に向けての動機づけをどのようにしたらよいかを相談しました。その時に得られた助言がなかったら，もしかするとこの思春期の危機に，うまく医療機関を活用することはできなかったかもしれません。

　実際に，思春期以降に医療機関を受診するにあたっては，いくつか大事なポイントがあります。そのポイントについて，順番に見ていきたいと思います。

■ アスペルガー症候群の人たちの「思春期」

　まず，アスペルガー症候群の人たちの思春期の特徴について，まとめてみましょう（平野，2011）。

　1つ目は，"親との物理的な距離感"です。幼児期には，集団生活をしても送り迎えがあり，子どもをめぐる友達の様子も親が直接観察することができました。互いの親同士の情報交換もさかんで，受け身に過ごしていても情報は入ってきました。

　やがて小学校に入学すると，登下校での親の関与は原則として不要になります。わが子の友達の顔と名前を覚えるには努力が必要で，またその親との組み合わせを把握するのはかなり手間のかかることになります。

　さらに中学生以上になると，子どもたちの生活の場はきわめて多岐にわたるようになります。家庭以外の場として，学校，部活動，学習塾，習い事，地域の遊び友達など，親の目の届かないところで，長時間に及んで複雑な人間関係にさらされるのです。どこかで出くわしたトラブルを抱えて帰宅してきたわが子から，その内容を正確に聞き取り，状況を理解することは実に困難を極める時期といえます。

　2つ目は，これらの生活の場はどれも"学力偏重の価値観に支配された競争社会"であることです。勉強ができることが最上という，現代の子どもたちが

置かれている競争社会においては，学力不振が人格否定にさえつながりかねない危険性をはらみます。Ａさんの場合，学業成績は比較的よい方でしたが，環境のみでなく親も本人も，勉強さえできれば将来も何とかやっていけると思い，またそのように期待していました。本当は勉強がいくらできても，世の中をうまく渡っていくことは相当に難しいものです。ところが，誰もそのことを思春期の本人にはっきりと教えてくれません。

　３つ目は，"大人との心理的な距離感の変化"です。周囲の自分に対する評価に過敏になりつつ，思春期の子どもたちは自己像を描こうとして悩みます。時として，それまで素直に従ってきた親や教師に対して，批判的になったり反抗したり，拒否的になったりするのです。しかも親は，それまでの比較的従順だったときのイメージから，わが子の思春期の変化をなかなか受け入れられず，しつこく様子を尋ねたり，やっと聞き出した内容に対して批判的なコメントを不用意に口にしたりして，さらに親子関係の悪化を招いてしまいがちです。

　親との物理的な距離感が生じ，学力偏重の競争社会にさらされた末に，大人との心理的な距離感も遠くなっている思春期の状況下では，何らかの問題が生じたときに親子だけで解決を図ろうとしても，なかなか難しいものです。

　それでも，今までたくさんの事例に出会った中で，私たちが感じていることがあります。それは，思春期に至るまでに自分のよいところを親から肯定的に受けとめられ認められてきた子は，そうでない子に比べると，問題解決に向かうエネルギーが格段に多いということです。また，小さい頃から親子だけで抱え込まず，相談相手を持って開かれた状態にあった家族の方が，思春期の問題への取り組み方もブレがないと感じます。

　思春期を迎えたわが子に対してビクビクし過ぎることなく，見通しを持ってその時期を乗り切るためには，思春期の特徴について，もう一度認識をしておくことが必要でしょう。

また思春期に至る以前にも，子どものよいところを肯定的に認めてあげることで，問題に立ち向かうエネルギーの持てる子どもに育てていきましょう。

■ 思春期にひそむいろいろなリスク

思春期にひそむリスクには，どんなことがあるでしょうか。

親子の会話がなくなるくらいで済めばよい方です。時には親への暴言や暴力，家出，不登校，パニックやリストカット，万引きや窃盗などの触法行為に及ぶリスクも高くなります。なぜなら，体力面では不完全ながら目覚ましい発達をとげ，エネルギーの増す時期であるにもかかわらず，自制心に関しては甚だ未発達な部分を残しているからです。

身長や腕力などの面で，親子間の力関係が逆転したかに見える思春期においては，心理的な親子関係における主導権も子どもが握ってしまうという危険性があります。子どもが暴力で親を圧倒する場合もありますが，ひきこもりになり，親が唯一の話し相手になる場合も，同じようなリスクがあります。

すなわち，ストレスフルな状況にわが子を追い込んでしまった自責感や，抵抗するとさらなる暴力や没交渉を招くという経験から，親がわが子の言いなりになってしまい，完全に子どもに対するコントロールを失ってしまう状態です。

■ 医療機関での相談の開始に向けて

このように種々の難しさをはらむ思春期において，医療機関への相談をうまく進めるには，どうしたらよいでしょうか（国立精神・神経センター精神保健研究所，2010）。

困り感に欠ける本人

思春期の医療機関の受診にあたって，Aさんの母親は事前に相談窓口に出向き，本人の受診に向けての動機づけをどのようにしたらよいかを相談しました。そのときに得られた助言とは，いったいどのようなものだったのでしょうか。

母親が相談の中で最も気にしていたのは，本人が医療機関には来たがらない

第4章　医療機関の役割

のではないかということでした。母親は，何としてもAさん本人に，今の状況に関する困り感を自覚させ，自分から相談したいという気持ちになってほしいと強く思っていました。しかし現実は，本人には自分が困っているという感覚は乏しく，また相談するということについての肯定的なイメージが持てずにいました。

　Aさんが困り感に欠けている要因として，相談窓口の担当者は次のようなことを指摘しました。

　アスペルガー症候群の人たちは，物事の捉え方が自分本位なため，例えば自分の思い通りに事が運ばないとか，絶えず邪魔が入るなどということがあれば，不快感を覚えて「困る」ことはあるかもしれません。ところが，Aさんのように自分のペースで生活パターンができており，快適に，あるいは楽に過ごしていると，なんら本人の困り感にはつながってきません。そのことで困ると感じるのは，社会規範を気にして思い悩む親だけであって，他者視点が取りにくく共感性の弱いアスペルガー症候群の人にとっては，困ることとはほとんど受けとめられません。

　別の可能性もあります。小さい頃から，何か嫌だったことを大人に打ち明けても，すぐに自分の非として叱られてしまう構図が繰り返されていた場合にも，次第に困り感の訴えはなくなります。本人は困り感を否定し，なかったかのようにふるまうようになるのです。Aさんの場合，この構図にも当てはまる部分があったようです。

　そこで母親は次の手段として，自分からAさん本人の苦手な点や弱いところを列挙して，「それらを直すために相談しよう」と説得することを考えました。ところがこれも，あまりうまい方法とはいえませんでした。

　なぜならば，そうした否定的なニュアンスの強い説得では本人の心理的な負担感が強くなるばかりだからです。自分自身に非があると認め，言葉というコミュニケーション手段を駆使して

それを開示し，相手との話し合いによって援助を請うことは，アスペルガー症候群の人たちにとっては何重ものハードルになります。しかしＡさんの例に限らず親ごさんの多くが，そのようにして本人への動機づけに失敗しがちです。

また母親は，「直すために相談しよう」と誘っています。この場合に用いられている「直す（治す）」という言葉には，注意が必要です。例えば，人づきあいが苦手だとか，相手に自分の気持ちを伝えることが弱いなどの点は，果たして相談によって解消でき，訓練か何かで直してしまえるものでしょうか。これらの特性はアスペルガー症候群の中核的な症状のひとつですから，本人に対して，相談で克服できるかのような安易な期待を抱かせることは，避けるべきです。

新たな動機づけ

相談窓口での提案を受けて，Ａさんの母親は，次のような動機づけを試みました。

まず本人に，これから大人になるにあたって，"自分の話を聞いてもらいアドバイスを受けられるような，親や学校の先生以外の相談相手を持ってはどうか"と提案します。そして，その人への相談の目的は，"自分自身の特性を知り，その特性を持ちながら暮らしやすくできる方法を，いっしょに考えてもらおう"と説明することにしました。また最初からうまく相談できるか自信がないのは悪いことではないのだから，"相談の進め方も教えてもらえばよい"と説明しました。

相談窓口ではまた，本人から質問があるようなら，できるだけ医療機関に関する写真や図の入ったパンフレットなど（図4-1）を用いて，具体的に見せながら説明するよう勧められました。アスペルガー症候群の人は，言葉でたくさんの説明をされるよりも，視覚的なイメージの方が入りやすい特徴があるからです（これは幼児期に限っ

第4章　医療機関の役割

○○リハビリテーションセンター発達精神科

リハセンターって、どんな場所？

- 小さなこどもから高齢者まで、いろいろな人が利用しているセンターです。
- 生活しやすさの工夫を、一緒に考えます。
（体のリハビリも、心のリハビリもあります）
- 中学生や高校生の悩みなども**「相談」**できるところです。
- 自分のことを、まず**「専門のお医者さん」**に話してみませんか？

専門のお医者さんとは？

- 話をよく聞いて、あなたに合ったリハセンターの使い方を説明してくれる人です。
- 相談のやり方を学びたい場合は、お医者さんと話をしたあと、**「心理士の相談」**を利用してください。

心理士の相談

こんなこと…話してもいいのかな？

だいじょうぶ、安心して話してくださいね

自分を知る
いろいろな検査も体験しながら
自分の特徴を知ることができます

相談する
スタッフと話しながら
問題解決の方法を考えます

計画する
学業・仕事・余暇のバランスを点検し
スケジュールを組み立てます

> 親ごさんはリハセンターでの相談を希望されています。
> あなたも一度、いっしょに来てみませんか？
> リハセンターは、○○駅から徒歩10分です。（地図は裏面参照）

図4-1　医療機関のパンフレット

たことではなく，成人になってからでもその特徴は続きます。残念ながら，成長に伴い周囲からの視覚的な手がかりは極端に減らされてしまうことが多いのが現状ですが，ぜひ長く活用していただきたいポイントのひとつです）。

その時期不登校であったAさんは，本来学校にいるべき時間帯に道を歩いたり交通機関を利用したりして外出しているところを，誰か知っている人に見られたらどうしようということも気にしていました。そこで，初診のときは車かタクシーを用いて，人目が気になる駅や大通りをあまり通らないで通院するようにしました。初診の設定日時も，学校の長期休みや行事の代休，午前で授業が終了する日の午後などにあてるように，調整することになりました。

このように取り組んだことで，本人なりにも納得できることが増え，Aさんは無事受診できたのです。

もちろん，Aさんのようにはうまく動機づけが進まない場合も，あると思います。そんなときは，「親として，どうしてもあなたのことで相談したいことがあり，その相談のためにはあなた本人の同行が必要だからついてきてほしい」と話して，本人の同意を得るのでもよいでしょう。

まずはスタートラインに立つこと

何かを継続して行うには，まずは開始しなければなりません。スタートラインに立つことが必要です。そのスタートラインに立てるならば，あとは医療機関の支援を受けながら進んでいける可能性が出てきます。

医療機関の側も，特に初診や最初の出会いでは，本人ができるだけその医療機関に肯定的な感情を持てるよう，細心の注意を払うものです。親と医療機関の双方が，本人がスタートラインに立てるための必要な準備を整えて，そこから継続的な相談が始められるとよいと思います（渡辺，2011）。

最初の診察には，できる限り家族が

揃って子どもに同行できるよう調整することをお勧めします。初診なら時間も比較的長く保証され，子ども本人への診立てや治療方針について，大事な話がしやすいからです。家族全員が等しく関心を持っていることを本人にアピールする意味もあります。

発達障害にまつわる医療的な相談は，一朝一夕に済むものではありません。状態の悪いときには集中的に関与してもらう必要があるのはもちろんのことですが，むしろ大きな相談事がなくても気軽に受診できるような関係を作っておくことが必要です。主治医は"いつでも意見を聞きに行ける人"として持っておきましょう。長く継続できる治療関係を築くためにも，必要以上にかまえることなくスタートラインに立てるとよいですね。

■ 医療機関で行われること

発達障害の本人と家族に対して医療機関でどのようなことが行われるのかを，順を追ってご紹介します。

「主訴」の把握

はじめて受診した人に対して医療機関で最初に行われるのは，「主訴」の把握です。「主訴」という言葉を『広辞苑』で調べると，「病苦についての患者の訴えのうち，主要なもの」と定義されています。平たく言えば，「患者が医師に何を一番相談したいか」です。実際の診察で，医師からはまず「どうしましたか？」と質問されることが多いですね。通常，医師はこの質問に対して「主訴」を話してもらうことを期待しています。ですから，医療機関を受診される際には，「○○について相談したい」というものをあらかじめはっきり持っておくと，診察がスムーズに進められます。

医師の「どうしました？」という質問に答えるのは，時として患者本人に限らないこともあります。例えば，子どもに風邪の症状が見られ，かかりつけの小児科で診察を受ける場面を想像してみてください。子どもが小さければ，症状を訴えて医師に伝えるのは，親の役割です。では，子どもは何歳になったら，医師からの質問に対して，自分の症状をきちんと答えられるようになるでしょ

うか。

　のどが痛いとか，熱がある，あるいは痰がからんで咳が出るといったような，身体的な変化に根ざす症状は，目に見え，不快感やだるさなどの主観的な苦痛の感覚を伴うので，多少の個人差はあっても，概ね小学校4年生（10歳）くらいになれば，ある程度答えることができるでしょう。

　しかし目に見えず，心情的にも複雑な要素がからむ精神科的な症状の場合を考えてみると，症状が重ければ大人であっても，本人からの主訴の説明は難しいものです。むしろ，家族の方が異状として気づきやすい場合もあります。またAさんの例で説明したように，本人が困り感を持たない場合は，本人が10代半ばに達していても，主治医に主訴を伝えるという大切な役割はまず家族，特に親が担うことになります。

　親ごさんが，子ども本人に関する困ったことや心配な点を主訴として伝えるときは，できるだけわが子を客観的に見て，考えをまとめておきましょう。親ごさん自身の困り感もあるでしょうが，大事なのは，親にそのように感じさせる子ども本人の特性を，きちんと相手にわかるように伝えることです。

　親が自分の感情的な負荷ばかり訴え，子どもの特性を言語化できないと，相談を進めるには時間がかかってしまいます。子どもの立場を親である自分が「代弁」しているという構図をおさえて，あらためて主訴を整理してみるとよいでしょう。

親への診断告知

　医療機関の役割として，診断告知があることは言うまでもありません。ただし，本人が未成年の場合，最初に告知する相手は発達障害のある子ども本人ではなく，その親に対してであることがほとんどです。

　どの段階でその障害の存在に気づくかは，子どもの発達経過にもよりますし，親の感度や価値観によっても大きく異なります。また，問題に気づいていても適切な相談相手が身近にいるならば，あえて医療機関の戸を叩くことがなくともうまく事が進められる場合もあるでしょう。

　しかし，医療機関にかかるのであれば，親としてわが子の診断告知を受けることを前提にすべきです。中には，具体的な対応についての助言は得たいけれ

ども，診断名の告知は受けたくないという親ごさんもいらっしゃいます。もちろんいろいろな背景がありますので，最初のうちはそのようなこともあるかと思います。でも，医療機関に継続的に通うならば，できるだけ早い段階で診断を聞いておくことは必要でしょう。

「人とのコミュニケーションが苦手だ」という表現と，「アスペルガー症候群である」との告知の間には，親がわが子への対応を考えるうえでは何ら違いがないのでは，と感じる向きもあるかもしれません。しかし私たちは，そこには大きな違いがあると考えます。つまり単なる症状の説明だけでは，アスペルガー症候群という生涯にわたって継続する特性があると腹をくくることが，回避されてしまうからです。

子どもは，成長によって大きく変化していきます。しかし，必要な対応があってこそ，よりよい変化がはじめて保障されるのです。特性に合わせた対応を何もしなかったなら，持てるべき力も十分には発揮されず，よい成長を期待することは難しくなりますし，むしろ失敗経験の蓄積により達成感が得られず，自尊心の低い人格の形成につながってしまいます。二次障害などの議論については他に譲りますが，防ぐことのできる負荷ならば，親の努力で最小限にしたいものです。診断の告知を受けることについて，親として前向きに考えていただきたいと思います。

発達の特性への理解促進と，対応についての助言

親への診断告知を前提として次に求められるものは，子どもの持つ発達の特性への理解と，それに基づいた対応の助言です。

初期に行われる医学的な検査としては，脳の画像診断，脳波検査，基礎的な代謝の状況を調べる血液検査などがあり，特別な治療が必要となる身体疾患の有無をチェックします。

その上で，発達の特性をより深く理解するために役に立つものが，心理学的な検査です。知能検査や性格検査，ストレスに対応する機序（メカニズム）や物事の捉え方などを調べる投影法など，いろいろな種類があります。成長に伴って発達のプロフィールや到達度は変化していきますから，必要に応じて定期的に検査を受けて，経過を追って見ていくと有用でしょう。

特性を踏まえた本人への具体的な対応は，個別の相談で学ぶこともできますし，集団形式で学ぶプログラムを持っている医療機関もあります。またやや一般化された内容にはなりますが，保護者向けの勉強会や，先輩格の保護者仲間との懇談会などから取り入れることも有用です。このような，医師の診察以外のプログラムがどれくらい充実しているかは，医療機関によって大きく異なります。受診される医療機関を選択する際には，そうしたプログラムの有無についても情報を得ておくとよいでしょう。

本人の診療

本人が，「親について行く」という受け身な態度ではなく，「自分自身が必要だから相談しに行く」という動機づけを持てるようになっている場合には，本人へのカウンセリングが行われます。もちろん，本人がどのような態度で来ようと，専門家と本人とが直接会って面接すれば，必ず何らかの治療的働きかけがされるものです。しかし，本人が自分の意志で相談しようと思って訪れたときには，少しでも本人の疑問に答え，困っていることを解決の方向に近づけられるよう，医師をはじめとするスタッフは本人に対して積極的に働きかけます。

アスペルガー症候群の人たちに対するカウンセリングで行えることは，大きく分けると3つあります。1つ目は「説明」です。自分の特性を自分なりに理解できるよう解説することです。診断名を告知する場合もありますが，それが絶対に必要というわけではありません。最も大切なことは，本人が自分にわかる言葉で自分の強みや得意なことと弱点や苦手なことを知り，それを納得できることです。2つ目は「共感」です。困難な状況におかれたときの不安や焦り，何かがうまくいったときの喜びなど，本人の感情の動きに対する支持や理解の気持ちを伝えます。物事の捉え方や感じ方が独特であるアスペルガー症候群の人たちは，日常生活の中で自分の気持ちに共感される経験をなかなか持てません。自分を支持してくれる人の存在を確認することが，本人の安心や問題解決への意欲につながることを，私たちはしばしば経験します。3つ目は「助言」です。本人が気づいていない問題解決の糸口を示し，方向性の見通しを持てるようにします。

子どもが思春期になると，「何か困りごとがありそうなのに，親とは話をし

たがらない」「何を考えているのかわからない」という親ごさんの声をよく聞きます。「医療機関でカウンセリングを受ければ何とかなるのではないか」と期待する親の気持ちもよくわかります。中には，カウンセリングを通じて，子どもが自分の弱点を改めようと努力するよう説得してもらうことを期待している親もいます。しかし，それは無理な相談です。カウンセリングは万能ではありません。できることの限界も知っておく必要があります。

　カウンセリングは話し言葉でのやりとりですから，自分の感情状態をうまく言語化できず，コミュニケーションに苦手意識があるアスペルガー症候群の人にとっては，実はとても大変な作業です。カウンセリングだけですべての問題を解決できそうかどうか，検討する必要があります。カウンセリングと並行して，あるいはカウンセリングを本格的に行う以前に，環境の調整や薬物療法を行う必要がある場合が，案外多いのです。

　特に，家庭や学校など本人をめぐる環境の調整は，本人へのカウンセリングよりも先決すべき重要な作業です。本人の障害特性について周囲が理解を深め，それを踏まえた本人への要求水準の見直し，関わり方の改善がしっかり行われることがないままに，本人にだけ変化を求めることはあってはなりません。

　寝つきが悪い，ぐっすり眠れない，気持ちがふさぎやる気が出ない，イライラする，興奮しやすい，注意集中が困難，落ち着かない，不安でしかたないなどの精神医学的な症状が強い場合は，身体的に疲弊し，日常生活にも支障をきたします。このような状況では，つらくて人と話すのも億劫となるため，本格的なカウンセリングは負担が強すぎます。この場合，精神医学的な症状によるつらさを軽減することを目的として，薬物療法を先に行います。薬の治療を始めるときには，

薬を飲む目的や，飲んだときに想定される効果と副作用，調整の見込みなどについて，本人に十分な説明をして同意を得るという"インフォームドコンセント"を丁寧に行います。精神科の薬物療法では，本人の体質や症状などにより，効果的な薬剤の種類や量を探るのに，数か月単位での長期にわたる調整を必要とすることもあります。時には副作用がみられる場合もあります。しかし，そうした調整を経て，効果的で副作用の少ない処方が見つかることの方が多いのです。「精神科の薬は怖い」などという先入観によって，精神症状の軽減を図る機会を逸してしまわないようにしたいものです。

〈平野亜紀〉

［文献］
厚生労働科学研究障害者対策総合研究事業（身体・知的等障害分野）：青年期・成人期の発達障害者へのネットワーク支援に関するガイドライン．青年期・成人期の発達障害に対する支援の現状把握と効果的なネットワーク支援についてのガイドライン作成に関する研究（研究代表者：近藤直司），2011
平野亜紀：児童・思春期の臨床に関連する地域資源と多機関連携．こころのりんしょう à・la・carte, vol.30 (2) ; 227-231, 2011
国立精神・神経センター精神保健研究所：ライフステージに応じた自閉症スペクトラム者に対する支援のための手引き．平成19-21年度厚生労働科学研究費補助金（障害保健福祉総合研究事業）ライフステージに応じた広汎性発達障害者に対する支援のあり方に関する研究（研究代表者：神尾陽子）別冊，2010
渡辺登：精神科・心療内科の上手なかかり方がわかる本．講談社，2011

第5章

思春期の生徒に学校教育ができること

　今の教育システムの中で，アスペルガー症候群の人たちが自分の特性に合わせた教育的支援を受けることのできる場のひとつに，「通級指導教室」（以下，通級）があります。通級は，障害等による困難の程度が比較的軽度で，通常の学級に在籍し，教科等の授業には概ね参加できる児童生徒に対して，一斉指導では学びにくい社会的なスキルや学習のための方略など，一人ひとりの教育的ニーズに応じた指導・支援を行うための特別な教育の場です。日本では，米国のリソース・ルーム（resource room）に範をとり，1993（平成5）年に制度化されました。

　本章では，特別な教育的ニーズのある中学生に対する通級指導の実際を，特に通級担当教師と本人との会話文を通してご紹介します。中学校通級が，ちょうど思春期を迎えるアスペルガー症候群の生徒たちの「自分探し」の伴走者として，どのような機能を果たしているかを，読者の皆さんにリアルにお伝えしたいと考えています。ここで，第1章で紹介したBさんにあらためて登場してもらいましょう。

■ 本人が自己モニターする機会を設定する

　Bさんは無類の鉄道ファンです。首都圏を走る主要な路線は，車輛名や外見上の特徴だけでなく，その走行音まで詳細に覚えています。通級に通う児童生徒には，なぜかBさんのような鉄道好きが多いようです。

Ｂさんは，通級に到着するとすぐに，待合室の書棚からお気に入りの鉄道雑誌を取り出して，かなり大きな声で独り言を言いながらページを繰るのが日課です（以下の会話文では，ＢさんをＢ，通級担当教師をＴと略記します）。

Ｂ：「……えーっと，丸の内線は中古の車輌を，おーっ，アルゼンチンに輸出していて……，向こうではパンタグラフをつけて走らせている，と。ん？車輌が比較的小型なので……，どこを走らせるにしても敷設工事が楽であり，しかも高性能かつ低コストなので，現地では大変好評，か……（後略）」

　待合室でＢさん一人が雑誌を読んでいる分には，時間さえ守れば問題はありません。しかし，その日は他の生徒やその親ごさんが同席していても，まったくその存在を意識することがなく，かなりの大きさで声を出しながら，大好きな鉄道の本にのめり込んでいました。
　Ｂさんは，場面や相手にかかわらず，心に思ったことをすぐに口に出してしまうタイプなので，それがもとで，これまでもクラスメートとの間に，いろいろなトラブルが起きていました。Ｂさんは，自分でも気づかずに発していることばや声が，周囲とのトラブルの引き金になっていることには，おそらく気づいていないのでしょう。
　担当教師は，そんなＢさんの待合室での様子をしばらく観察した後，好きな鉄道の本を待合室ではなく，Ｂさんの個別の指導室に持ち込み，時間を決めて読むように指示しました。また，指導室で本を読んでいる様子をビデオに撮って，後でいっしょに見ることを提案しました。

Ｂ：「なんで，本を見てるところなんか撮るの？　なんか意味あんの？」
Ｔ：「先生は，ちょっと確かめたいことがあるのです。だからビデオに撮ります。たぶん，短い時間で済むと思います。君はいつもと同じようにしていてください。撮り終わったらいっしょに見てみましょう」
Ｂ：「うん……」

　通級の指導室は，防音・遮光・空調等，低刺激で集中しやすい環境設定がさ

れています。特に個別の部屋によって，同年代の他の生徒の視線から守られるということは，生徒が心の鎧を脱ぎ捨て，自分自身の課題と向き合うのに効果があります（近藤，2009a，2009b）。

　釈然としない様子のBさんでしたが，すでに担当教師との信頼関係はある程度できていたので，強い抵抗はなく，指導室でのビデオ撮影を受け入れました（実際には，事前に親ごさんに事情を説明し，了解を取っておく必要があります）。ビデオ撮影といっても，コンパクトなデジタルカメラの動画撮影機能を使い，短時間の撮影をするだけです。データも扱いやすく，撮影後，メモリーカードをパソコンのスロットに入れれば，ケーブルなしですぐに動画の再生ができ，本人に自分自身の様子をフィードバックすることができます。

　そのときも数分撮影しているうちに，例の大きな声での独り言が出たので，Bさんの「読書」が一通り終わったときに，すぐにその場で本人に動画を見せました。

T：「どうです？」
B：（しばらく自分の姿を見て）「わっ，オレの声，でかっ！」
T：「ふだん，自分では意識していないでしょう？」
B：「全然……」
T：「これ，あなたがクラスの中で同じことをやったら，周りの人はどう思うかな？　授業中，休み時間，いろいろな場面を想像してみましょう」
B：「ちょーウゼー，とか」
T：「なぜ先生が，Bさんに，待合室から指導室に移って本を見るように言ったのか，わかりますか？」
B：「周りに変に思われるから……」
T：「待合室には，他の方もいましたし，世の中，全員が鉄道ファンではないですからね。趣味を持つことはとても大切だけど，それを，いつ，どこで，どう楽しむかを，もう少し考えてみる必要がありそうですね」

B「うん……」

　在籍校では，おそらく似たような場面があったとき，周囲の生徒はBさんに対して，「うるさい！」「静かにしろ！」といった注意や，さらにBさん本人が言うように，「ウザい（うっとうしい）」「キモい（気持ち悪い）」「死ね」などの攻撃的なことばが発せられることも，少なからずあったのだと思います。
　鉄道雑誌に心を奪われているBさんとしては，周囲からいきなり攻撃されるわけですから，「自分は何も悪いことをしていないのに，あいつらがいきなり悪口を言ってきた」「いつも自分だけが悪口を言われる」といった意識を持つことになります。
　担任の先生は，双方の言い分や周囲からの情報などを総合して，極力客観的な視点でトラブル解決に向けての指導（いわゆる生徒指導）にあたるので，自己モニターができていないBさんにとっては，いささか分の悪い話になります。「誰も自分のことをわかってくれない」というBさんの思いには，在籍校でのこんな日常があるのではないでしょうか。

　Bさんのケースに限らず，アスペルガー症候群の人たちは，ストレスのかかる場面で，自分の情動を調整したり，ストレスを回避したりするための方略のレパートリーが少ない傾向にあるように思われます。通級では，本人たちの自己モニターの力の弱さを補うため，1対1の個別指導の中で自分たちの実態や周囲の思惑などに気づかせ，具体的にどのようにふるまったらよいのかを，じっくりと時間をかけて学んでいきます。
　今，自分の好きなものは大切に，でも，その楽しみ方を，少なくとも周囲に容認されるレベルのものにしていくことは，今後本人がスムーズに社会適応をしていくにあたって，大変重要なことです。

■ 「気持ちの整理と行動の調整」を練習する

　Bさんは，鉄道に関する知識など，自分の興味関心のあることについては，実によくしゃべります。話を聴く相手の都合には，ほとんどお構いなしで，や

や独りよがりなところが残念ですが，本当に生き生きと話します。

しかし，自分の体験，特にそれが認めがたい失敗など，本人にとって嫌悪的なエピソードであった場合，事柄の内容よりも，情動の高まりの方が先行してしまいます。そのため，自分が体験した事実や，そのときの自分の気持ちや考えなどを適切なことばや態度で，相手にうまく伝えることが難しいのです。

通級では，生徒たちのこのような日常生活のふり返り活動を重視しています。生徒が体験した事実を，客観的な視点から整理し，意味づけする活動を通して，その場面や相手に応じた適切な言動を学んでいます。

Bさんと一番先に取り組んだのは，感情と行動のコントロールについてです。自分の感情がその時点でどの程度のレベルだったのか，自己表現を支援する自作カードを手立てに，5段階のスケールに換算して考えていきました（ブロンら，2006）。

感情という目に見えないものを捉えることは難しいことですが，ゲーム世代の子どもたちは，レベルやステージといったことばの概念は，比較的入りやすいのが特徴です。感情の変化を数値化し，相対化することで，自分が今，あるいはそのときにどんなレベルにあるのかを知り，いかに自分の行動の調整につなげるのかがポイントです（川口ら，2011）。

以下は，実際の指導の様子を会話文にまとめてみたものです。写真5-1と併せてご覧ください。

T：「Bさんが，ストレスなく，ごく普通でいられるような気持ちの状態を，レベル1としましょう。何か言われて，少しムッとする程度をレベル2，十分我慢できる程度をレベル3……」
B：「じゃあ，レベル4はブチ切れるときで，レベル5はマジ切れするとき！」
T：「理解が速いですね。では，それでいきましょう。今回のXさんとのトラブルは，レベルいくつでした？」
B：「うーん……，レベル4は確実にいってたかな。4.5くらいかも」
T：「かなりの高レベルですね。では，今までの経験から，実際に手が出てしまうのは，どのくらいのレベルからですか？」
B：「手が出ちゃうのは，えーと……，4.5以上かな。5になると頭真っ白で，

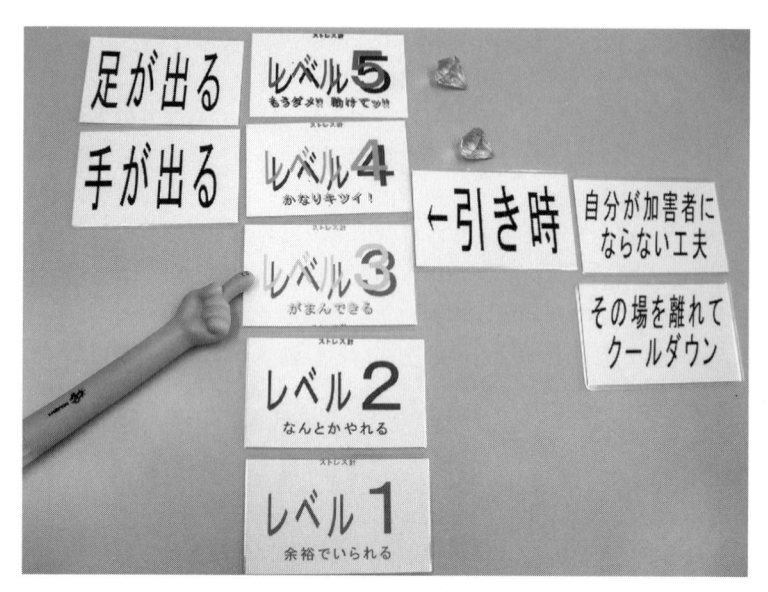

写真5-1　感情や行動のスケーリング

　かなり大ごとになっちゃうから。うん，やっぱり4.5」
T：「今回は"引き時"ということを覚えましょう。あなたの中のプログラムの設定変更と言った方がわかりやすいかな」
B：「設定変更？」
T：「つまり，これからはトラブルになりそうなとき，体の中の安全装置を起動させて，無用なトラブルを避けるのです」
B：「それって，つまりＡＴＣ（自動列車制御装置）の人間バージョンってこと？」
T：「そうそう。かなり近いものだと思います。とてもよい喩えですね」
B：「まぁね」
T：「そのＡＴＣを，Ｂさんがどのレベルに設定するかです。他の列車と距離が近すぎて大事故になる前に，つまり，手や足が出るようなトラブルになる前に，どこでブレーキをかけるかです」
B：「うーん，それはやっぱり，3.5くらいかなぁ」

T:「Bさんの内蔵センサーで，そのレベル3.5が感じ取れますか？」
B:「たぶん，大丈夫」
T:「センサーがレベル3.5を感知したら，次はどういう行動をするかです」
B:「我慢する……」
T:「もちろん，我慢することは大切です。でも，今回は，とりあえずその場を離れる，という方法をお勧めします」
B:「その場を離れる？　なーんか，逃げるみたいで嫌だな」
T:「深刻なトラブルを避けるために，相手と適切な距離を取るのです。冷静になれば，後できちんと話し合いもできるでしょう。Bさんの好きなつくばエクスプレスだって，行く先に別の列車が停止しているのがわかったら，速度を落として走るのを止めるでしょうね」
B:「そりゃそうだ」
T:「Bさんは，今までは，それを感知するシステムを装備していなかったか，装備していても機能していなかったということです。どこかの国の超高速鉄道みたいにね」
B:「先生……，キツいっすね」
T:「ごめんなさい。喩えがストレート過ぎたかな」
B:「でも，よくわかる。確かにそうだったかも」
T:「話を元に戻しましょう。いかに上手にその場を離れるか。まずは，レベル3.5を感知，と思ったら，取りあえず，床のタイル10枚以上の距離を取ること。これが第1段階です」
B:「なんでタイル10枚なの？」
T:「タイルの一辺は約33cm。したがって10枚で約3.3ｍ。これならいくらBさんの手足が長くても，相手には届きません。少なくともBさんが加害者になる件数は激減します」
B:「ルフィ（アニメの主人公）なら届くよ」
T:「Bさんはゴムゴムの実を食べていないから，手足は伸びません」
B:「先生，よく知ってるね」
T:「次に，そうなったときの根回しを，あらかじめしておくことです」
B:「根回しって，何？」

T：「担任の先生に，もしそういう場面になったら，自分はトラブルを避けるために，教室から出ることがあるかもしれません，でも落ち着いたら必ず教室に戻ってきますから，心配しないでください，とあらかじめ言っておくんですよ。そうすれば，先生たちも心づもりができるし，むやみに怒られる件数も減るでしょう」

B：「でも，誰が担任に言うの？　オレは嫌だよ。うまく言えないし」

T：「先生が説明しますよ。今日の指導の報告をしますから，そのときに担任の先生にお話ししておきます。でも，君からもぜひ担任の先生にはお話ししておいた方がいいですよ。通級の先生から聞いていると思いますが……，とかなんとか言ってですね」

B：「ぜってームリ」

T：「まぁ，そのうち，折を見て，かな。いずれにしても，今日ここでやったことは，ぜひ学校で試してみてください。ピンチになったら，ＡＴＣ起動……，ってね」

B：「うん」

　トラブル回避の方略は，タイミングよく，適切な距離を取るという，ごく単純なものですが，本人にわかりやすいようなことばや喩えで説明し，理解させ，実際の行動に結びつけることがポイントです。

　通級指導を通じて，つくづく感じられるのは，子どもたちにとって，自分の好きなことを軽視や批判をせずに，じっくりと付き合ってくれる大人の存在が大変重要であるということです。本人の興味関心のある事柄に関連づけた説明ができると伝わりやすいので，詳しい知識があるに越したことはありません。しかし，本人同様のマニアックな知識がなくても，要はそのことを頭から否定せず，さりげない関心を寄せているというスタンスで十分なのです（近藤，2010）。

　さて，本人が通級での指導内容を在籍校で真面目に実践したとしても，その効果を実感し，周囲の子どもたちや先生方の評価が変わるまでには，私たちの経験上，最低３か月程度はかかるでしょう。その間，多少の失敗には片目をつぶり，望ましい結果がすぐには現れなくても，本人が少しでもやる気を見せた

ら，周囲の大人は認め，励まし，支えていきます。支援には，根気と寛容さが不可欠です。

たまにですが，「通級では，あの子にどんな魔法をかけたんですか？」などという質問が，生徒の在籍校の先生方から挙がることがあります。

通級マジック？　そんなものは存在しません。あるとしたら，その子どもがわかりやすい，学びやすいやり方だけです。

それを特定するためには，医療職や心理職と連携した神経心理学的なアセスメント等も必要です。また，本人の好きなこと・得意なことなども大いに手がかりになります。子どもたちは，自分の学びやすい方法で学び，今までできなかったことができたとき，初めて自信を回復し，さらなる課題解決への内発的な意欲を持つのではないでしょうか。

また，個別の指導において，本人の話を十分に傾聴し，その思いに寄り添い，受け入れることは，もちろん大切なことです。しかし，受容するだけでは，心理職としての基礎訓練を受けていない教師など，本人の心の渦に簡単に巻き込まれ，両者の関係性は程なくして破綻します。

本人を受容し，信頼関係を築くことは，その先の課題解決を見越した通過点であり，ゴールではありません。信頼関係が確立したら，本人に対する規範意識の育成や耐性向上のためのトレーニングは，多くの場合不可欠なことだと思います。社会でダメなことは，学校でも，家庭でも，通級でもダメなことに変わりはないのですが，"こんなやり方なら，あなたにもわかりやすいよね"，という提示ができるのが，通級的なアプローチの真骨頂といえるでしょう（川口ら，2011）。

■ 望ましい行動を獲得する

本人の望ましくない行動への"ダメ出し"は，毅然と行わなくてはなりません。しかし，それだけでは不十分です。代替となる望ましい行動をわかりやすく提示し，本人がそれに対して少しでもやる気を示したら，認め，励まし，強化していかなければ，その行動の修正はありません。

最初のハードルは，本人への提示のしかたです。

Bさんは，聴覚言語による一斉指導は入りにくいのですが，自分の興味関心のある本は読もうとします。写真や挿絵だけでなく，活字からも十分な情報が入っているようです。すなわち，何回も言って聞かせるよりも，一度読ませて伝えた方がよいタイプであると考えられます。この読ませて伝えるタイプの子どもたちの指導に有効な方法に，『ソーシャルストーリーズ TM』があります。

　『ソーシャルストーリーズ TM』は，自閉症スペクトラムのある人たちが，社会的ルールや他者の視点を肯定的に学び，対人社会性を向上させるために，米国の教育学者キャロル・グレイが1993年に発表した教育プログラムです。ごく簡単に言ってしまえば，望ましい行動のモデルが，第一人称で書かれた文章です。作成にあたっては，ガイドラインに則って，本人の現状での望ましい行動を賞賛する表現を50%以上盛り込みながら，その場面や相手に対する望ましい行動のモデルを文章にしていきます（グレイ，2006，2010）。

　以下は，Bさん用の『ソーシャルストーリーズ TM』の例です。

> 「ボクは，鉄道が大好きです。
> 鉄道を趣味にすることは，よいことです。
> 大人の人たちにも，たくさんの鉄道ファンがいます。
> ボクは鉄道の知識を，たくさん持っています。
> それは，ボクが鉄道に関する本をたくさん読んでいるからです。
> 鉄道に関する本を読むことは，よいことです。
> ボクは，鉄道の本を，時間と場所を決めて読んでみます。
> ボクは，鉄道の本を通級の待合室ではなく，指導室で読んでみます。
> 読む時間は，先生の指導が始まるまでの10分間です。
> ボクは，先生が指導室に入ってきたら，本を読むのを止めて，棚に置いてみます。
> 先生は，『Bさんはマナーが守れていて，よいですね。』と言ってくれるかもしれません。
> そうすると，ボクも，先生も，気持ちよく授業を始めることができるかもしれません。」

これは発達心理学者ヴィゴツキーの述べる言語の3機能（コミュニケーション，思考，行動の調整）のうち，行動の調整に関わる内容です。それを，本人を主人公にした文章に落とし込んであるのです。何回話を聞いても，指示や方略が入らない（残らない）子どもに対し，親や教師が"逆ギレ"することもなく，確実に伝達でき，しかも本人が繰り返し読むたびに，結構よい気持ちになれるところに，『ソーシャルストーリーズTM』の妙味はあると言えます。
　Bさんの指導には，基本的には紙に印刷したものを使用しましたが，可能であれば，必要な内容を携帯電話にEメールで保存して，忘れたらそれを見て随時確認するという方法もお勧めです。思春期を迎えた生徒の支援ツールは，使用する際にできるだけ目立たないものの方がよいようです（川口ら，2011）。

■ 問題を整理し，意味づけ，理解し，対策を考える

　通級している生徒たちの在籍校では，日々様々なことが起きています。対人関係に弱さのあるBさんにとっては，つらく理不尽な体験の連続であるかもしれません。
　Bさんには，週1回2時間の通級指導を行いました。そのうち1時間は，自分の好きなこと・得意なことに集中して取り組み，自分で気持ちを整える時間としました。そして，さらに1時間は，在籍校での生活を報告する時間にしました。生徒たちには「学校生活のふり返り」と言っていましたが，この活動の内容こそが，通級指導の核になる部分かもしれません。
　もともとことばによるコミュニケーションが上手ではないBさんでしたが，トラブルの直後で気持ちが高ぶっているときなどは，特に調子が悪いようです。物事をすべて被害的に捉え，自分の印象の強い部分から話しますので，時系列はめちゃくちゃです。不適切なことばもたくさん出てきます。

B：「死ね死ね死ね死ね死ね死ね，あー，学校燃やしたい！」
T：「どうやったら燃えますかねぇ。基本的にコンクリート製だから，いっそダイナマイトでも仕掛けて，敷地ごと吹っ飛ばしてみたらどうですか？」
B：「学校の先生が，そういうこと言っていいんですか！」

T:「中学校通級は過激なんです。で……，つまり，学校を燃やしたいと思うくらい，学校でつらいことがあったということかな？」
B:「ピンポーン！」
T:「ピンポーンではわからないので，もう少し話してください」
B:「やだ，思い出したくない！」
T:「すっきり忘れられるなら，それでもいいですよ。とてもそうは見えませんけどね……」
B:「だって，ちょームカツクし。あー，殺してー！　金属バットで殴りてー！」
T:「はい，では，Bさんの爆裂トークを，じっくりと伺いましょう」

　担当教師は，Bさんの話に耳を傾けながら，問題解決に必要であると思われることばを会話の中から拾い，ホワイトボードに書き留めて"文字化"していきます。さらに，それらを囲み線や矢印等で関連づけ，必要に応じて挿絵を描き，本人にわかりやすいように"視覚化"します（写真5-2）。

B:「だって，いきなり顔を蹴られたんだよ。ありえないし」
T:「日常生活で，いきなり顔を蹴られるのは，まずありえないですね。どういう状況だったんですか？」
B:「そいつが，こう寝てて，こう顔面に，ガッて……」
T:「全然わからないので，ここに図を描いてください」
B:「だからね，そいつが，なんか知らないけど，こんな感じで床に寝てて，それをもう1人のヤツがちょっかいかけたの。それで，オレもおんなじ感じで，ワーッてやったら，オレだけいきなり蹴られたわけ。ひどくない？」
T:「ちょっと待ってください。整理しましょう。その人をYさんとしましょうか。Yさんはそもそも，なぜ教室の床に寝ていたんですか？」
B:「知らないし。あと，教室じゃなくて，廊下だし」
T:「では，廊下で寝ていたYさんが，Bさんの顔を蹴るまでには，何があったかを整理しましょう。Yさんは寝ていたとき，もう1人の人にちょっかいをかけられたんですね」

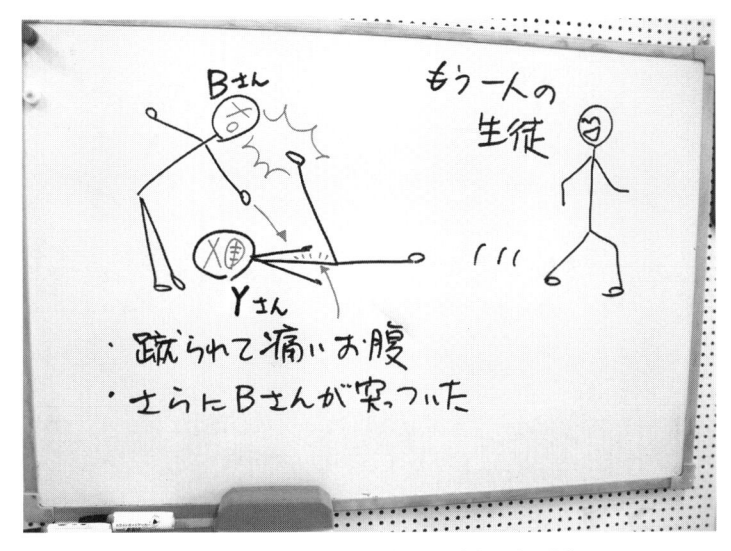

第5章　思春期の生徒に学校教育ができること

写真5-2　問題解決に必要な情報の視覚化

B：「うん。って言うか，腹を蹴られていたっぽい」
T：「それは，ちょっかいと言うには，少しやりすぎではないですか？　ひょっとして，Yさんは，そのもう1人の人にお腹を蹴られて，痛くて廊下に倒れていたのではないですか？」
B：「そうとも言うかも……」
T：「そこにBさんが来て，『ワーッてやった』と。Bさんは，Yさんに何をしたの？」
B：「上からこういう感じで見ながら，ちょっとふざけて，指で腹を突っついただけ」
T：「わかりました。先生の見解を言います。Yさんの立場から言うと，最初にもう1人の人にお腹を蹴られて，とても痛かったでしょう。あまり痛かったので，廊下の床に寝ていたのではないでしょうか。Yさんを蹴ったもう1人の人は，そこからは離れてしまった。そこへ，なぜか全然関係のないBさんがやってきて，痛いお腹をさらに突っつかれた。これは，頭に来るでしょうね。とっさに足で排除しようと思ったら，それが不幸にもBさんの顔に当

たってしまった。これが，Ｙさんの蹴りの正体ではないでしょうか」
Ｂ：「そんな気もする……」
Ｔ：「もしＢさんが，Ｙさんの立場だったら，どうしたかな？」
Ｂ：「たぶん，同じことをしたと思う」
Ｔ：「Ｙさん，痛くて，悔しかっただろうね」
Ｂ：「うん……」
Ｔ：「次からは，どうしたらいいかな？」
Ｂ：「関係ない人に，ちょっかい出さない」

　通級指導では，ほぼ毎回，このようなやりとりを個別に丁寧にやっていきます。先のキャロル・グレイの考案した『コミック会話』（グレイ，2005）なども，こうした問題の整理には有効な手法のひとつです。

■ 自己理解を深め，自己肯定感を引き上げる

　Ｂさんには，中学校通級に入級した当時，「自分は何をやっても，どうせダメなヤツだ」という意味合いの発言が多く見られました。これは，幼稚園，小学校と集団生活を送る中で，様々な対人トラブルや失敗体験を重ね，周囲から非難，排除されてきたため，自信を失い，自己肯定感を大きく低下させてしまった結果だと考えられました。
　Ｂさんは本来，明るく快活で，エネルギーにあふれ，好奇心が強く，賢い子どもです。そんなＢさん本来のよさが活かされないのは，何とも残念なことです。しかし，一番悲しいのは，Ｂさん自身が自分という人間に価値を見いだせないでいるということです。
　中学校通級では，Ｂさんの卒業後の自立に向けて，本人の自己理解と自己肯定感の向上のための個別指導を積極的に行いました。

Ｂ：「オレは勉強できないから，高校とか行っても意味ないし」
Ｔ：「高校に行かないで，何か他にしたいことがあるんですか？」
Ｂ：「別に……。コンビニとかでバイトすればいい。あと，旅行とかに行きた

第5章　思春期の生徒に学校教育ができること

　い」
T：「簡単にコンビニでバイトと言いますが，コンビニにどんな仕事があるのか，知っていますか？」
B：「知らない」
T：「それでは，採用は難しいですね」
B：「じゃあ，ニートになる」
T：「そういうことばは，ちゃんと知っているんですね。ところで，旅行というのは？」
B：「各駅で行く電車の旅。友達といっしょに行きたい」
T：「そういう計画が，もうあるわけですか」
B：「計画っていうか，夢」
T：「なるほど，ではその夢の実現に向けて，具体的に何をすべきかを，もう少し考えてみましょうか」

　アルバイトで生計を立て，余暇に鉄道旅行を楽しむというのは，良識ある社会人として立派な生き方だと思います。こうした子どもたちの人生観を，大人（親や教師など）の持っている価値基準や枠組みで安易に査定し，否定してしまっては，自分の力で生きていこうとする子どもたちの内発的な意欲を阻害しかねません。
　景気の低迷が長期にわたり，雇用が安定しない現在の日本社会においては，自分の好きなことや得意なことを，そのまま職業にできる人たちの方が少数であって，大多数の人たちは，自分たちの生活のために，敢えて自分の苦手なことにも取り組んでいると考えた方が，より現実的なのではないでしょうか。そうであるならば，自分の好きなことや楽しみ（鉄道旅行）を支えに，厳しい現実（アルバイトの仕事）に耐え得る社会的スキルを身につける方が，より適応的な戦略であるといえます。

T：「その鉄道旅行で，Bさんが最初に行ってみたいところは，どこですか？」
B：「まだ決めてはないけど，とりあえず行ってみたいのは，○○線の×××駅。駅弁も有名みたいだから」

T:「何かで調べたんですか？」
B:「ネットで調べた」
T:「お金は，総額でどれくらいかかるのかな？」
B:「『青春18きっぷ』を使えば，たぶん○万円くらい。だから，バイト代は貯金する」
T:「途中で新しいゲームソフトが欲しくなるのでは？」
B:「友達に借りるから平気」
T:「結構，しっかりしてますね」

　明確な目標や見通しがあると，苦手な課題にも比較的すんなりと取り組めるということでしょうか。中学2年の総合的な学習の時間に行われた職業体験学習では，Bさんは約3倍の競争率の抽選を勝ち抜き，希望通りコンビニエンス・ストアでの実習に参加しました。当日は大変緊張しながらも，一日を大過なく過ごし，大いに自信をつけて帰ってきました。通級でもそれを得意げに報告してくれました。

B:「商品管理っていうのをやった。オレはペットボトルの担当。やってると，ちょー寒くなったけど，最後まで頑張った」
T:「それは素晴らしい。それで，仕事はそれ1種類だったんですか？」
B:「いや，午前中はお店の前の掃除とか。でも，お客さんに挨拶するのが，ちょっと恥ずかしくって，できなかった。ああいうのは苦手」
T:「挨拶はNGだけど，商品管理はOKですか」
B:「なんか，自分に向いてる気がした」
T:「それはよい体験をしましたね。コンビニみたいに小さい店舗だと，1人で何役もこなさないといけないけど，大きなスーパーだと，商品管理専門のスタッフもいるという話を聞いたことがありますよ」
B:「オレは，そういうのがいい」

　Bさんは，対人関係は苦手ですが，視覚空間的な認知能力に優れるため，同じ商品のわずかな差違も瞬時に見分けることができます。ですから，包装に難

第5章　思春期の生徒に学校教育ができること

のある商品をピックアップしたり，足りない商品を補充し，配列を美しく整えたりする商品管理の仕事は，まさに認知特性にもフィットしたものといえます。時間内に確実にできれば，マイペースで仕事を進めてもよいというところも，Bさんの気質に合っていたのでしょう。

そして，この職業体験学習での何よりの収穫は，ダメだと思っていた自分にも実際にできそうな仕事があると，Bさん自身が身をもって実感できたことでした。これはBさんにとって，"できる自分像"の再構築の第一歩となった大きな転機でした。

さて，指導室のテーブルを挟んで向き合っていては話せないことも，プレイルームで卓球のラリーをしながらだと，意外と話せるというようなことが，Bさんのケースに限らず結構あります。以下はそのときの様子です。

B：「早く中学を卒業して働きたい。親は高校に行けって言ってるけど」
T：「先生も，高校には行っておいた方がよいとは思いますけどね」
B：「バイトだけでいい。旅行に行きたい」
T：「何をして生きていくかも大事だけど，どんな人として生きていくかも重要ですよ」
B：「何それ？　意味わかんない」
T：「Bさんは，どんな大人になりたいですか？」
B：「どんな大人って……，別にフツーの大人。でも，オレはちょっと変なところがあるし」
T：「人間っていうのは，みんなちょっとくらいは変わっているもんです。先生だって，そういう部分もありますよ。でも，それが他の人の迷惑になったり，他の人を不愉快にしたりしないようには，一応気をつけています」
B：「そうなの……」
T：「それでも失敗してしまうことは結構ありますよ。そうしたら，素直に謝るんです。すみませんでした，ってね」
B：「オレ，人に謝ったこと，あんまりない」
T：「人間は完璧な存在ではないから，しょっちゅうミスをします。それはとても自然なことです。だから，きちんと謝れる技術を持っていることは，と

ても大切です。先生の経験では，誠意を持って謝って，相手に許してもらえなかったことというのは……，ないですね」
B：「オレには，ムリ！　だって，気まずいじゃん」
T：「たしかにこちらが失敗して，相手に謝るのは，とても気まずいですね。嫌いな相手の場合は特に……」
B：「そうそう（笑）」
T：「それでも，相手が誰でも，人としてきちんとしなければならないことが，世の中にはたーくさんあるのです」
B：「ムリ，ぜってームリ！」
T：「無理じゃないですよ。ここ（通級）で練習すればできます。これからラリーでミスをした方が，相手に『すみません』と一声かけることにしましょう。当然巧い方が，『すみません』を言う回数は少なくてすむでしょうね。勝負しましょうか。まぁ，あまり難しく考えず，筋トレの一種だと思えばいいですから」

　10分もラリーをすれば，お互いにたくさんのミスが出ますので，「すみません」を100回以上は言い合うことになるでしょう。
　こうした枠組みのある活動の中で，安心して自分の苦手なことに取り組めるのも，通級のよさであると思います。このトレーニングをしばらく続けた後，Bさんは在籍校でも，廊下ですれちがいざまに他の生徒にぶつかってしまったとき，とっさに「すみません」が言えたと報告してくれました。
　「すみません」という，活字にしてしまえばたった5文字のこのことばが言えなくて，Bさんは今までどれだけの無用なトラブルを経験しなくてはならなかったでしょうか。それでも，こんな簡単なトレーニングを行えば，今まで言えなかった「すみません」が，自然と口をついて出てくるようになります。
　何かを始めるのに，決して遅すぎるということはありません。「やればできる，いざとなったら，自分だってできる」Bさんにも，そんなポジティブな自己イメージを持ちながら，明るく善良に生きていってほしいと願っています。

第5章　思春期の生徒に学校教育ができること

■ 少し変わっているけれど，にくめない性格に育てよう

　『徒然草』の第六十段には，真乗院の盛親僧都という徳の高い僧が登場します。この方は，お坊さんとしての実力は大変すばらしく，一門のリーダー的な存在でした。また，なかなかのイケメンでもあったらしいのですが，とにかく行動面や社会性はハチャメチャでした。好物のイモに大金を使い果たしたり，自分の都合で重要な用事を平気ですっぽかしたり，自分が食べたいときに食べ，寝たいときに寝て，周りのことは一切お構いなしだったり……と，およそ高僧とは思えないような奇行が目立つ方だったようです。それでも，なぜか周囲の人たちからは嫌われない，やはりご本人の徳のなせる業なのか，というようなことを兼好法師は記しています。
　この盛親僧都の"奇行の持ち主ながら，なぜか人に嫌われず，あれでいいのだと認められていた"という人柄には，大変興味を惹かれます。このお坊さんの生き方に，何となく将来のBさんの姿に通じるものを感じませんか。
　盛親僧都は，世間の常識とか，日常生活の表面的なもの，形式的なものにはこだわらない生き方をしていた一方，自分の専門分野（仏道修行）には真剣になって精進し，それなりの実力を備えていたからこそ，人々も感心し，尊敬もしたのでしょう。ただ自由気ままで愉快なお坊さんというわけではなかったようです。そこにはやはり，人として生きることへの厳しさが感じられます（野本，1975）。それとともに，アスペルガー症候群の人たちのめざす生き方のモデルへのヒントも見えてくると思うのですが，いかがでしょうか。
　以前，医療関係者と小・中学校通級担当者の合同カンファレンスの席で，「この子たちを，将来どんな大人に育てるか？」といった議論がありました。最終的には，"ちょっと変わっているけれど，なぜかにくめないキャラクター"に育てたいという，まるで盛親僧都の件のような結論になったことがあります。「しょうもないこともたくさんするし，とにかく手はかかるんだけど，なぜかにくめない性格で，周りは『しょうがねえなぁ』と言いながら，ついつい面倒を見てしまう。人から可愛がられやすいというか，助けられ上手というか，そういうふうになれたら最高だよね」というような話になりました（川口ら，

93

2011)。Bさんは，今後の育ちのあり方で，まさにこうしたタイプになり得る生徒です。

　もちろん，現代は兼好法師や盛親僧都の生きた時代とは異なります。より複雑化した社会生活に適応していくためには，やはりその社会で容認される範囲の節度や他者への気配りが必要です。「なんだかんだあるけど，アイツ，意外とわかってるし，結構可愛いところもあるじゃないか」と周囲の人に思わせる何か，すなわち，杓子定規な常識よりも，心の通った良識を身につけることが大切なのです。

　学校という枠組みに保護されているうちは，"可愛い不思議ちゃん"でよいと思います。しかし，就労して社会に出るにあたっては，それに加えてある程度の分別と何らかの分野における実力を持っていることが，自立への鍵となるでしょう。先の盛親僧都のエピソードを通して兼好法師が後世に伝えた，人としての"徳"の在り方を，現代を生きるBさんたちといっしょに，じっくりと考えていきたいものです。

〈近藤幸男〉

[文献]

近藤幸男：特別な教育的ニーズのある中学生の自己理解を深めるために．特別支援教育研究，No.619, 日本文化科学社，2009a

近藤幸男：在籍校と連携し，子どもたちを支える中学校通級指導教室の個別指導．LD&ADHD, No.30, 明治図書，2009b

カーリ・ダン・ブロン，ミッツィ・カーティス（著），柏木諒（訳）：これは便利！5段階表．スペクトラム出版社，2006

川口信雄，近藤幸男，下村治，小林靖：中学校通級指導教室における個々の特性に応じた指導の在り方—通級指導教室利用生徒の認知特性の評価を通して—．財団法人みずほ教育福祉財団 特別支援教育研究助成事業 特別支援教育研究論文 平成22年度（研究協力：国立特別支援教育総合研究所），2011

近藤幸男：通級指導教室担当として校内支援体制づくりに関わったケース—中学校—．佐藤慎二・太田俊己（編）：校内支援体制のアイデア しなやかな「チーム支援」の実際．明治図書，2010

キャロル・グレイ（著），服巻智子（訳）：お母さんと先生が書く ソーシャルストーリー $_{TM}$. クリエイツかもがわ，2006

キャロル・グレイ（著），服巻智子（監訳），大阪自閉症研究会（編）：ソーシャルストーリー・ブック 入門・文例集 改訂版. クリエイツかもがわ，2010

キャロル・グレイ（著），門眞一郎（訳）：コミック会話─自閉症など発達障害のある子どものためのコミュニケーション支援法─. 明石書店，2005

野本秀雄：日本の古典文学7 枕草子・徒然草. さ・え・ら書房，1975

第 6 章

地域の中の余暇活動支援でできること

　余暇活動は生活の質を高める大切な支援テーマです。ところが，アスペルガー症候群の人たちへの余暇活動支援は，学校生活や職業生活への支援より後回しにされがちです。余暇活動は，学校・職業生活や家庭生活での問題が解決されて初めて着手できる支援であると，多くの人たちが無意識に捉えているように見えます。果たしてそうでしょうか。
　私たちは，アスペルガー症候群の人たちの集団での余暇活動を，10年以上にわたりサポートし続けてきました。本人たちが長期的な仲間関係を通じて遂げた精神的成長には，目を見張るものがあります。余暇活動への支援は，学校・職業生活や家庭生活への支援の効果を増強する基盤づくりとして，極めて大事なテーマです。
　余暇活動は，親ごさん同士にとっても比較的実践しやすい領域と考えられます。これを読まれた親ごさんの中には，「子どもはもう小学生や中学生なのに，まだ親が関わらなければならないのか……」と思われる方がいらっしゃるかもしれません。しかし視点とコツさえつかめば，親同士であるからこそできること・取り組めることが，たくさんあります。第1章に登場したCさんを例に，"明日から使える"具体的な支援の方法をご紹介します。

■ 余暇活動支援はなぜ大切か

　具体的な支援の話に入る前に，アスペルガー症候群の人たちにとって，余暇

活動支援がなぜ大切かについて，もう少し詳しく見ておきましょう．

余暇活動を人といっしょに楽しめない理由

大人になったアスペルガー症候群の人たちの中には，余暇の時間に次のような難しさを示すことが，しばしばみられます．

1つ目は，人と活動や興味を共有することへの意欲が低いことです．一般社会の中で提供されるレクリエーション，イベント，サークル活動の多くは，シナリオが決まっていません．アスペルガー症候群の人たちにとってこうした活動は，情報が煩雑で見通しが持ちにくいため，安心して活動に参加し，楽しむことができません．また，アスペルガー症候群の人たちは，自分の興味がある対象については極めて高度な知識や技術を有するものの，それがあまりにも極端すぎるため，興味を他者と共有することが難しくなることもしばしばです．

2つ目は，人と活動や興味を共有するために必要なソーシャルスキルを，十分に獲得・発揮できないことです．アスペルガー症候群の人たちは特定の興味に着目すると，活動を共にする相手への注目を同時に行うことが難しくなってしまいます．活動しながら対人関係を把握することが難しいため，適切なふるまい方を学ぶ機会を逸してしまいがちです．また，自分の関心事を一方的に話し続ける，相手の発言内容に僅かでも不正確な部分があれば厳しく追及するなどして，相手とトラブルになることもあります．失敗を繰り返すことで，人と活動や興味を共有することへの意欲はますます低下してしまいます．

これらの困難を重ねた結果として，青年期以降に地域の中で同世代の人たちといっしょに余暇活動を楽しむ機会を自分から持とうとしないアスペルガー症候群の人は，少なくありません．Aさんも，その1人と考えられます．人といっしょに楽しむことができなくても，日常生活に支障はないでしょう．「1人の方が自分のペースで楽しむことができるので，快適だ」と考える人もいます．しかし，すべてのアスペルガー症候群の人たちが，本心から1人で過ごすことを好んでいるわけではありません．

余暇活動から心理的活動拠点づくりへ

アスペルガー症候群の人たちの多くは，本心では同世代の人といっしょの活

動を楽しみたいと望んでおり，そうした相手を持たないことに孤独やストレスを感じていることが，本人たちへのインタビュー調査から明らかになっています（Bauminger & Kasari, 2001）。仲間といっしょに楽しみたい，過ごしたいという思いの強さは，アスペルガー症候群の人たちも，多くの人と変わりありません。それどころか，物事の認識のしかたや感情の動き方が大きく異なるからこそ，彼らはむしろ私たち以上に"何でも話せる対等な仲間"を望んでいるのかもしれません。

　私たちが，仕事の都合などで外国に暮らすことになった場合を考えてみましょう。その国の文化や風習を学び，上手にふるまえるようになっても，物事の認識のしかたや感情の動き方が自分たちと異なるその国の人たちと，心から何でも話せる対等な関係を築くことは容易ではありません。そのようなとき，近くに日本人がいれば，日本人同士でつながりを持とうとする人が多いと思います。日本人同士の方が"何でも話せる対等な関係"を作りやすく，安心できるからです。このように，安心感やエネルギーが注入される心理的活動拠点をつくることで，その国の人たちとも交流してみようという気持ちになるのです。一般社会で生活するアスペルガー症候群の人たちにも，同様の図式があてはまると思われます。自分と同じような物事の認識のしかたや感情の動き方をする仲間との関係を心理的活動拠点にすることで，一般の人たちとの違いをあまり気にすることなくやっていこうという気持ちを持つことができるのです。

　Cさんが，まさにそうでした。幼児期に同じ通園施設に通っていた仲間といっしょに，小学校高学年から地域の余暇活動サークルに参加し，学校を休むことはあっても，このサークルには休まず通っていました。最初の就職でつらい体験を重ね，仕事を辞めて在宅となった時期も，仲間との関係は継続していました。携帯ゲームや漫画本，CDの見せあい程度のやりとりでしたが，Cさんにとっては貴重な心理的活動拠点となっていたようです。

　しかし，いくら仲間の存在が欠かすことのできないものであっても，本人同士の力だけで今の状態にまで関係を発展させることはできなかったでしょう。アスペルガー症候群の人が仲間といっしょに余暇を楽しむためには，黒子（くろこ）となって脇からサポートする親の存在が欠かせないのです。

地域での余暇活動支援と仲間づくりの実践

きっかけは，仲間といっしょの教室通い

　Cさんが仲間と余暇活動サークルを楽しむことになったきっかけは，小学校高学年から参加した，地域のスポーツセンターの「小学生のための水泳教室」でした。Cさんの母親が，通園時代に親しくしていた母親たちに声をかけ，その仲間4人で教室に参加することになりました。教室は毎週末に開催され，一般の子どもたちも参加していました。その中に混ざって，4人は特に会話もせず，黙々と練習していました。母親たちは，毎回の教室終了後に近くのファストフード店に行き，お茶を飲みながら1時間ほどいっしょに過ごすことを定例にしていました。Cさんたち4人は，母親同士がおしゃべりに興じている間，それぞれ携帯ゲームや漫画本，CDなどを持ってきて，互いにやりとりをすることもなく，静かに過ごしていました。その様子は仲間同士で余暇活動を楽しむ姿とはほど遠く，親同士が自身の仲間関係を楽しむために子どもを待たせているだけのように見えました。

　Cさんたちの小学校卒業に伴い，水泳教室も終了することになりました。その頃，Cさんの母親は，あることに気がつきました。Cさんが，ファストフード店で過ごすためのグッズを，事前にあれかこれかと迷っているのです。どうしてそんなに迷っているのかと尋ねると，Cさんは「Xくんは○○が好きだし，Yくんは□□が好きなんだけど，両方持っていくのは重いから，どっちを持っていこうかと思って」と答えました。店にいる間，母親たちから見ると，4人はやりとりをすることなく，それぞれが1人で過ごしていました。しかし，実は互いの持ち物に関心を向け，仲間の興味に沿ったグッズを持っていくことで，仲間の注目を惹きたい，仲間とやりとりをしたい，という気持ちが生じ始めていたのです。

　せっかく芽生えた仲間意識を，ここで終わらせるのはもったいない。Cさんの母親はそう考え，他の3人の母親に相談しました。すると，他の3人の子どもも，待ち時間に持っていくグッズを決めることに，かなりの時間を割いてい

ることがわかりました。ある母親は,「そういう理由があったとは,思いもよらなかった。子どもが,出かける間際になってグズグズしたり,途中で"○○を持ってくるのを忘れた"と言って落ち込んでしまうことに,私自身がイライラしていた」と反省の気持ちを語っていました。母親同士で相談し,この仲間同士でサークル活動を立ち上げることを決めました。とはいえ,水泳教室が終了になると,それぞれ週末に別の予定が入ってきます。今後も週1回の頻度で会い続けることは,かなり難しそうです。

　結局,サークル活動では,長期休みごとに親子いっしょに行楽地めぐりを楽しむことにしました。企画は4組の親子が順番に担当します。あらかじめ親同士で日程を決めたうえで,企画担当の親子が行き先とスケジュールを考え,他の3組に案内状を送付して提案するという手順で進めます。実際やってみると,子どもたちは行楽地めぐりよりも,移動途中の電車の中で互いに持ってきたゲームや漫画,CDを題材にやりとりをする時間の方が楽しそうでした。行楽地めぐりは,むしろ子どもたちをサポートする母親同士にとっての楽しみになっていたようです。こうして親子が無理なく楽しく参加できる体制をつくれたことは,余暇活動サークルが長続きするための,ひとつのポイントになっていました。

子どもが楽しむための,大人の理解と歩み寄り

　さて,親たちのサポートを得て,仲間同士で定例の集いを持つことのできたCさんですが,果たして彼はその集いをどのように楽しんでいたのでしょうか。

　そもそも,アスペルガー症候群の人たちが楽しいと感じる対象や形式は,一般の人たちと大きく異なります。彼らが楽しむ対象は,人よりも物や活動であることが多いようです。この特徴は,乳幼児期から認められると言われます。一般の子どもは,物や活動を介して人と情緒的な交流を楽しもうとします。しかしアスペルガー症候群の子どもの多くは,物や活動に注意が向きすぎるあまり,いっしょに活動する人への関心が乏しくなってしまいます。この特徴は,成人期になっても残ります。アスペルガー症候群の人たちの多くは,親密な友人を求める一方,「友人とは,活動をいっしょに楽しむ"コンパニオン"である」と理解しているようです(Bauminger & Kasari, 2001)。この表現のしか

第6章 地域の中の余暇活動支援でできること

たから，アスペルガー症候群の人たちが人といっしょに活動する際，互いの内面にあまり関心を持たないことが考えられます。

　アスペルガー症候群の人たちが楽しむ対象には，"独自の形式"が共通することも，よく知られています。機械的，法則的，予測可能，繰り返し，ひとつずつ順番，ルールや意味が明確などの形式は，彼らにとって見通しが持てて安心できるだけでなく，納得ができて心地よく，好ましく感じられることが多いようです。Ｃさんの場合も，毎回の活動ではそれぞれが持ってくるグッズについて，仲間同士でやりとりをする時間が，最も楽しそうでした。

　このような決まりきった繰り返しは，一般の人にとってはあまり楽しさを感じさせることがなく，むしろ退屈さを感じさせます。多くの人にとっては，想像的で予測不可能，柔軟で臨機応変，複数の要素が同時に存在し，ルールや意味に様々な解釈の余地がある，という形式の方が，楽しみやすいのです。"雑談"が，まさにそうです。Ｃさんたちのように，互いの近況や時事ネタがまったく話題に挙がらず，毎回互いの持ち物だけを題材にやりとりをすることは，普通は考えられないことです。

　アスペルガー症候群の人たちが楽しいと感じる独特な対象や形式に対して，私たちにはより多くの理解と歩み寄りとが求められます。アスペルガー症候群の人たちは，ただでさえ学校や職業生活を通じて一般社会への統合を常に求められる存在です。一般社会の中で周囲との違いを感じながら，一方的に合わせることだけを求められ続けて育った場合，その人の心の健康はどうなるでしょう。アスペルガー症候群の当事者によって書かれた自伝から，その心中をうかがい知ることができます。

　アスペルガー症候群の人たちが集団で楽しめる余暇活動には，どのような要素が必要でしょうか。大人になったアスペルガー症候群の人の中には，次のように語る人がいます。「こんな私ですが，まれにリラックスして話せるときもあります。それは相手の趣味や仕事に興味があるときで，その場合あれこれ質問するのが楽しいです」（Edmonds & Beardon, 2008）。私たちの経験でも，アスペルガー症候群の人たちが覚えている膨大なカタログ的知識や精密な機械的記憶をむしろテーマにし，それぞれに語らせることは，彼らにとって楽しい余暇活動になりやすいようです。また集団で楽しむ経験をどのくらい重ねたか

にもよりますが，最初のうちは，具体的な事物も用意させ，機械的，法則的，予測可能，繰り返し，ひとつずつ順番，ルールや意味が明確など，先に述べた"独自の形式"を十分に伴わせた活動がよいと思います。これらのエッセンスを満たすよう，私たちが開発したプログラムを次に紹介します。名づけて，『趣味の時間』です（日戸ら，2010）。

■ 共通の興味を鍵にした『趣味の時間』プログラム

プログラムを行う条件

『趣味の時間』は，それぞれの関心事を順番に披露し，仲間同士で互いの関心事を共有するだけの，シンプルな活動です。互いの関心事の共有は，アスペルガー症候群の人たちにとって仲間づくりの土台となる社会的行動と考えられます。それぞれの子どもには「見せたい物」を用意してきてもらいます。事前に明確なルールと一定の手順を設定し，それぞれの子どもが「見せたい物」を順番に披露できるように配慮します。その際，見せる人（話し手）と見る人（聞き手）がいる，というコミュニケーションの構図をわかりやすく呈示することで，全員が楽しく，マナーを守って参加することができます。以下に，具体的な支援の手順を紹介します。

(1) 参加条件と人数

この活動に参加するための条件は，15分程度であれば着席を持続できること，簡単な手順を理解しルールに従えることの2つです。人数は，小学生までは4名以下が最適です。1人ずつ順番に「見せたい物」を見せるので，5名以上になると待ち時間が長くなり，子どもにとって「いつ終わるのか」の見通しが持ちにくくなってしまいます。

(2) 最適な年齢

初めて取り組む場合の年齢は，幼児期後半から中学生までが最適です。本来は高校生以上であっても楽しめる活動であり，実際に私たちの知っているアス

ペルガー症候群の人たちは，成人期になってもこの活動を続けています。しかし，一般社会の中で十分な理解や支援を受けることのないまま経過した高校生や大学生の中には，活動を勧められても「レベルが低すぎて，自分には合わない」と頭から決めてしまう人が少なくないようです。こうした場合は，『趣味の時間』のルールや手順は活かしつつ，活動の題材を一般の青年にとってより馴染みのある内容にアレンジするとよいでしょう。

(3) 活動を行う場所

　地域の公民館やコミュニティセンターのフリースペースなど，全員で囲んで着席できるテーブルがあり，かつ刺激が少なく，静かな場所がお薦めです。Cさんたちのようにファストフード店で行う方法も，決して不適切ではありませんが，環境の刺激が多すぎると，子ども同士がそれぞれの「見せたい物」や，それを介した仲間の存在に注目しにくくなります。

図6-1　大人が進行役をするときのポイント

大人の役割

子ども同士の仲間づきあいであっても，当面は大人の関わりが必要です。子どものテーブルにいっしょに着席し，進行役を担いましょう（図6-1）。進行役のすることは，(1)マナーを教える，(2)話す人（見せる人）の手順とルールを教える，(3)聞く人（見る人）の立場に立って肯定的な声かけをする，の3つです。

(1) マナーを教える

最初に『趣味の時間』とはどういう時間かを，子どもに説明しましょう。「『趣味の時間』は，交代で"見せたい物"を相手に見せる時間です。マナーに気をつけて，みんなで楽しく過ごしましょう」と，紙に書いて伝えると，子どもにとってわかりやすいでしょう。特に，話し手と聞き手が交代するというコミュニケーションの構図は，アスペルガー症候群の人たちにとって理解が難しいため，これを視覚化した教材（図6-2）を用いると効果的です。

聞き手のマナーは，特に念入りに教えましょう。「人の話は最後まで聞く」「知っている話でもつきあう」「意見や質問は話の後にする」「相手の物を近くで見たいときは『見せて』と言う」は，アスペルガー症候群の子どもたちが相互交渉の場面で失敗しがちな態度を予防するのに非常に効果的です。文字にして示しましょう（図6-3）。

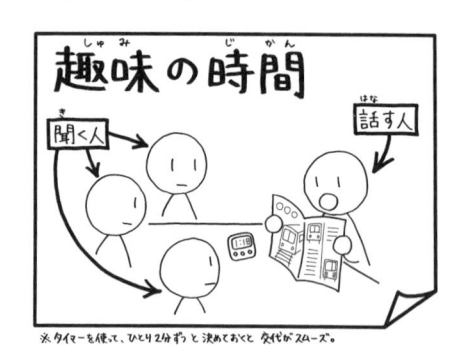

図6-2 コミュニケーションの構図について視覚化する

図6-3 マナーを文字化して示す

第6章　地域の中の余暇活動支援でできること

(2) 話す人（見せる人）の手順とルールを教える

　次に，発表の順番を決め，1人ずつ自分の「見せたい物」をカバンから出し，みんなに見せるように促しましょう。自分の順番がくるまで「見せたい物」はカバンにしまっておくというルールは，ぜひ徹底させましょう。自分の手元に物が出ていると，相手の「見せたい物」に注目しにくくなってしまいます。また，話す人が物を出したら，進行役の大人は1回ごとに「これから，○○くんが"見せたい物"を見せます」と最初のひと声をかけて，他の子どもの注目を集めましょう。相手に合わせて行動をすることは，アスペルガー症候群の人たちにとって，とても難しい課題です。大人が注目を集める最初のひと声を省略せず，毎回きっちり行った方が，子ども同士での自律的な活動が促されます。

(3) 聞く人（見る人）の立場に立って肯定的な声かけをする

　子どもが「見せたい物」を見せ始めたら，大人は他の子どもと横並びになって，楽しい雰囲気をつくりながら，肯定的な声かけをしましょう。例えば，「これはどこで買ったの？」「どうやって使うの？」など，物について具体的な質問をしてみます。周りの子どもが断りなく相手の「見せたい物」を手に取ろうとしたときは「触ってもいい？」「もっと近くで見せてくれる？」など，相手への承諾のとり方の手本になるように，聞く人の立場になっていろいろな声かけを試してみましょう。みんなが飽きているのに，それに気づかず長々と説明を続ける子どもには，「見せてくれて，ありがとう」「続きはまた今度，教えてね」「楽しかったね」など，その子どもが気持ちよく話を終えるための声かけを心がけてみましょう（図6-4）。

　相手に向けた肯定的な声かけは，仲間づきあいを維持するために非常に重要な要素と考えられます。アスペルガー症候群の人たちは，相手の感情を読み取ることや，場の楽しい雰囲気や自身の肯定的な感情をモニターすることが苦手です。彼ら同士で会話をさせると，ともすると膨大な知識に関する一方的で冗長な説明ばかりになり，肯定的な声かけがほとんど聞かれない状態になってしまう危険があります。これでは，せっかく仲間と集っていても，楽しめるはずがありません。「楽しかったね」「ありがとう」という互いを認め合う声かけは，大人が繰り返し手本を示すことで，アスペルガー症候群の人たちも学ぶことが

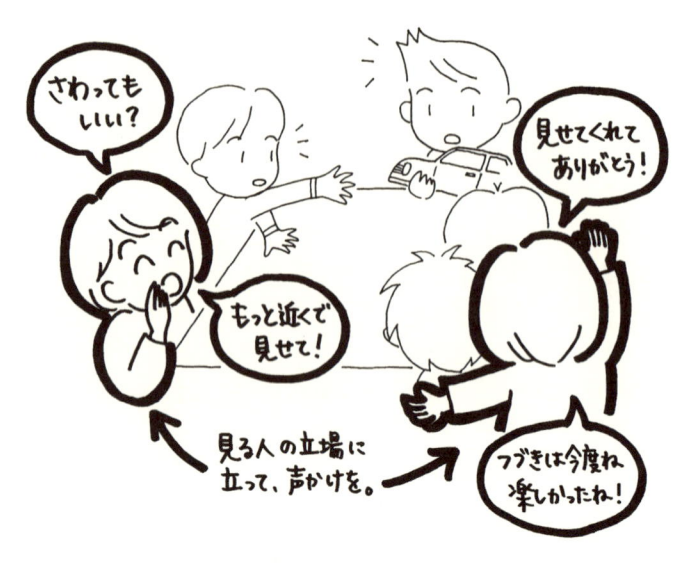

図6-4　大人が肯定的な声かけを行う

可能です。また，たとえ学ぶことが難しくても，大人から一言，自分を認めてくれる声かけがあることで，子どもは「参加してよかった」という気持ちになれるのです。

期待される効果，さらに増強する方法

『趣味の時間』は，私たちが行っているプログラムの中でも，アスペルガー症候群の子どもたちに最も人気のある余暇活動のひとつです。メンバーに均等な参加機会が保障され，視覚的情報が活用され，明確なルールのもと同じ手順が繰り返されるという"型にはまった活動"が，彼ら特有の楽しさのツボを刺激しているのかもしれません。また，"仲間づきあいの型"が決まっていることで，発言の内容やタイミングに気を遣う必要なく，活動の進行に見通しと安心を持って参加できます。一般の人にとっては少し退屈に感じられるような活動が，アスペルガー症候群の子どもたちの多くにとっては，他者と楽しさを共有する初めての体験になっているのです。

第6章　地域の中の余暇活動支援でできること

　『趣味の時間』のねらいは，日常場面の中ですぐに使える"仲間づきあいの型"を，子どもたちに習得させることです。子ども同士が話し合って物事を決めることができれば，自分たちで余暇活動を計画し実行することが可能となります。そのためには，話し合いの練習が必要です。アスペルガー症候群の学齢児に対しては，『4つのジュース』（日戸ら，2009）という話し合いプログラムを『趣味の時間』とセットで行うとよいでしょう。

　『4つのジュース』は，集団療育の休み時間にみんなで飲むジュースを4種類の中からひとつ決めるだけの，これもまたシンプルな課題です。一般の学齢児であれば，こんな簡単な話し合いは低学年でもすぐに全員で合意することができるでしょう。しかしアスペルガー症候群の人たちにとっては，たとえ大学を卒業するほど知的に高い能力を持っていても，集団で合意に至るプロセスを踏むことは，かなり難しいようです。話し合いの進行に注意を向け続け，リアルタイムに状況や因果関係を把握すること，個々の意見に注目し意見の食い違いや葛藤状況に対処することは，彼らにとって至難の業なのです。

　『4つのジュース』では，簡単な紙芝居を用いて話し合いの主旨や手順，葛藤状況になったときの対処方法をあらかじめ教えます（図6-5）。また，リアルタイムで個々の意見や話し合いの進行に注目できるために，「話し合いボード」と呼ばれる教材を使います（図6-6）。さらに詳細な手順については，参考文献（日戸ら，2009；日戸，2012）をご覧ください。

　以上の要素を支援の中に取り入れることで，アスペルガー症候群の子どもたちに他者と楽しさを共有する体験を，学齢期の頃から蓄積させることができます。どのくらい多く体験できたかによって，青年期以降の社会参加の仕方は大きく左右されるのです。

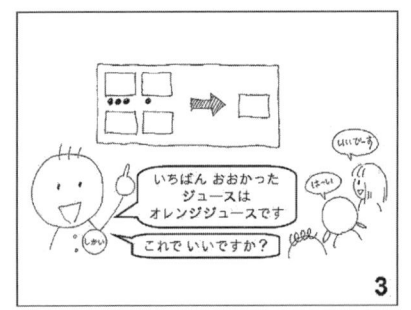

図6-5 話し合いの紙芝居

全6枚で構成され、1〜6の順に読み聞かせをする。1〜4は話し合いの手順（はなしあいのすすめかた）、5，6は意見が対立し葛藤状況になったときのルール（気をつけること）の説明である。読み聞かせの後、5，6は目に入るところに掲示しておく。（星和書店刊「精神科治療学」24（4），2009，p. 498 より転載）

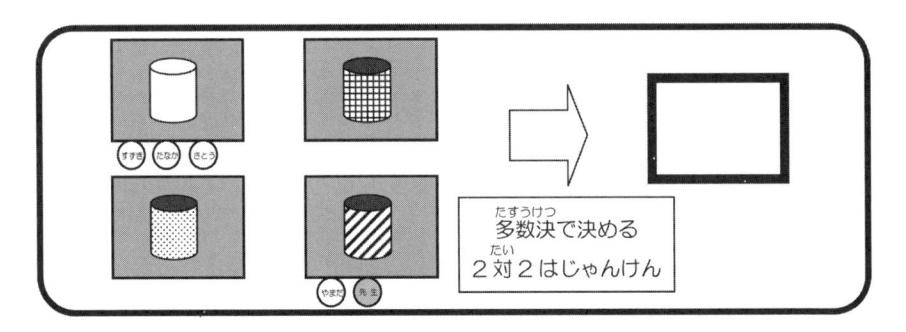

図 6-6　話し合いボード
話し合いの進行に沿って希望者の名前チップを選択肢の下に貼っていく。右端の枠には話し合いで決定したジュースの写真を貼る。意見が対立した場合の対処法を書いたメモは、あらかじめ矢印の下に掲示しておく。（星和書店「精神科治療学」24（4），2009, p. 499 より転載）

■ 余暇活動と仲間関係がもたらす精神的な効果

　長期的な支援を通じて、Ｃさんが余暇活動サークルでの仲間関係を自分の心理的活動拠点として取り込んでいく様子を見ていきましょう。

子ども同士の自律した活動を促す工夫

　年数回、行楽地めぐりをする余暇活動サークルを楽しんでいたＣさんたち親子でしたが、中学校の卒業を控えた時期になると、母親たちは「高校生になったら、母親の付き添いを煩わしく感じるようになるのでは？」と考えるようになりました。ためしに「自分たちだけで集まってみたいか？」と聞くと、Ｃさんも「やってみたい！」と乗り気です。

　しかし、これまでＣさんは、仲間同士で集う日時や集合場所、活動内容といった余暇活動の計画を、自分たちだけで立てたことがありません。また、先に述べた通り、集団で話し合って物事を決めることは、彼らにとって非常に難しいと考えられました。そこでＣさんの母親たちは、中学卒業後の余暇活動サークルの続け方について再び話し合い、活動のたびに母親がすべて"お膳立

て"をする方法から，子どもたちで活動を進められる方法に転換を図ることにしました。その際，次の3つの工夫を行いました。

　1つ目は，年間を通じて4人で集う日時を「奇数月の第3土曜日の午前11時」に固定させました。メンバーの中に都合が合わない人がいても，2人以上が集まれる場合は予定通りに活動を行う決まりにしました。この工夫により，毎回の出席率は100%ではなくなりましたが，本人たちは自分で先の見通しを持って活動に参加できるようになりました。

　2つ目は，4人の子どもに「リーダー」「副リーダー」「連絡係」「アナウンス係」などの役割を分担させました。リーダーは，みんなで集まったときの進行役です。副リーダーは，リーダーが参加できないときに代わって進行役を務めます。連絡係は，その日の欠席者や遅刻者からの連絡を受け，集まったメンバーにその旨を伝えます。アナウンス係は，活動の終わりに次回の日時と集合場所を確認し，後で欠席者にも伝達します。全員に役割を持たせることで，子どもたちが活動を「自分たちで進めていくんだ」という感覚が促されました。

　3つ目は，少なくとも最初の1年間は，集合場所や活動内容も固定させ，例えば「公民館のフリースペースに集合し，自分たちで『趣味の時間』を行う。その後はファストフード店に移動し，みんなで食事をして解散」としました。この工夫により，子ども同士で活動を続け，成功体験を重ねることが可能となりました。

青年期になると，予想外のトラブルも

　数年が経過すると，子どもたちは自分たちだけの活動に慣れ，全員の話し合いで物事を決めようとする姿勢も少しずつ定着してきました。特別支援学校の高等部やサポート校に進み，同世代の人たちから余暇の過ごし方について多くの刺激も受けました。4人は徐々に，「次回はカラオケに行ってみないか」「今度はボウリングやゲームのできる場所に行ってみよう」と互いに提案し合うようになり，活動範囲を広げていきました。そして，かつて母親たちが行っていたように，交代で次回の活動を企画し，メンバーに提案やアナウンスをできるようになったのです。

　しかし本人同士で計画し，活動範囲も広がると，予想外のトラブルが生じる

ようになりました。例えば，メンバーでカラオケやボウリングに行くと，あまりの楽しさに時間を忘れていつまでも過ごしてしまいます。それぞれの家庭の門限に間に合わず，親から厳しく叱られたことがありました。また，金銭の使い方も，子どもによっては極めて難しい課題となっていました。通常は貯金を心がけているＣさんでさえも，仲間といっしょのカラオケで，ついついお金を使い過ぎてしまった経験があります。

　母親同士で話し合い，２つの対策を考えました。１つ目は，時間や金銭に関する社会的知識を，想定される活動上での具体的なルールとして，あらかじめ伝えておくことです。２つ目は，それでもトラブルが起きてしまった際には，子ども自身がトラブルの因果関係を理解できるように，親がグッと我慢して見守ることです。例えば，お金を使い過ぎたＣさんの場合，月の後半は欲しい物があっても購入できませんでした。Ｃさんの母親は，それまでは家の手伝いをさせる代わりに，足りないお金を出していました。しかしこの時はそのことを提案しませんでした。その結果，Ｃさんは「一度にお金を使い過ぎると，後で欲しい物がすぐに買えなくなる」という大事な教訓を，身を持って学ぶことができました。

　また，成人期になり，さらに活動範囲が広がると，詐欺被害に遭い不当に契約させられるケースや，携帯電話や金銭を騙し取られるケースが日常的に起こり得ることを，母親たちは講演会やセミナーから学びました。これらの被害をすべて未然に防ぐことは不可能です。再び母親同士で話し合い，「大きなトラブルが起こったときに大切なことは，被害に遭った本人を不要に混乱させたり不安にさせたりして，心の傷を深めないこと」という結論に達しました。アスペルガー症候群の人たちにとって，複雑な人間関係を通じて状況や因果関係を正確に把握することは，至難の業です。ところが本人が被害に遭うと，周囲の大人たちは狼狽し，意図せず子どもを問い詰めてしまいがちです。親の役目は先頭きって本人を問い詰めることではなく，周囲との通訳として本人に寄り添い，安心と見通しを持たせることであると，母親たちは考えたのです。

　このようなケースでは，わが子を手助けして被害の状況をレポートにまとめ，それを持って学校や医療機関，警察などに親子で相談に行くのもよいでしょう。アスペルガー症候群の人たちは，他者に相談することが非常に難しいと考えら

れます（第4章参照）。親子いっしょに相談の場を訪れることで，社会性のある相談態度のモデル学習が促され，「相談するとはどういうことか」という基本理解が深まります。その際，相談の場で本人が上手に説明できるかどうかは，問題にすべきではありません。アスペルガー症候群の人たちにとっては，まずは「人に頼ると何かが好転する」という感覚を持たせることが大切なのです。本人が相談したい内容を紙に書いて整理し，本人が相談の場にそれを持って行くこと，それだけでよしと考えましょう。そもそも，トラブルや被害が生じた際に，本人がその内容をたとえ不十分で断片的であっても，親に報告することができれば，アスペルガー症候群の人たちにとっては上出来です。本人に「自分で相談できた」という実感と成功体験を促すことは，成人期の自律と社会参加に向けた大事な土台づくりになります。

アスペルガー症候群の人たちにとっての，自律と社会性

　ある日，Cさんが仲間同士で交換している次回の余暇活動の「連絡票」を見せてもらった母親は，思わず噴き出してしまいました。その書き方は，幼児期に通園施設で療育の先生から呈示されていた「1日のスケジュール」にそっくりだったのです。母親は当時，「子どもにいつまで，こうした視覚的なスケジュールを呈示し続けなければならないのだろう」と，不安を感じていました。視覚的なスケジュールを呈示すると，他者にばかり頼って自分1人では何もできない大人になってしまうのではないかと思ったのです。でも，そうではありませんでした。Cさんは，視覚的スケジュールを自分で作って活用するようになったのです。

　アスペルガー症候群の人たちにとって視覚的なコミュニケーションは，自律のための大切な道具となります。そればかりか，自分の考えを他者にうまく伝え，コミュニケーションを円滑に進めるための武器にもなるのです。適切なサポートを利用し続けた結果，Cさんは，自分が自律的に，かつ社会性を持って社会参加するためのコミュニケーション・スタイルを学び，自分からそれを使って社会参加の幅を広げられるようになったのです。

　Cさんたち4人はそれぞれ就職や大学進学をしましたが，年数回の余暇活動サークルは今も続けています。最近では，スポーツ観戦が彼らのブームです。

休日にはスタジアムに集合し，贔屓のチームを大声で応援してストレスを発散しているようです。観戦の後は，ファストフード店やファミリーレストラン，20歳を過ぎてからは居酒屋にも立ち寄り，そこで変わらず趣味のゲームや漫画，CDの話，加えてスポーツやTV番組，アイドルや時事ネタ，そして最近では少しだけ自分の近況報告も混ぜて，会話を楽しんでいます。

　母親たちは，そんなわが子の成長を，少し距離を置いて見守っています。自分たちも，時々いっしょに食事しながら情報交換をし，将来への準備や心がまえについて話し合っています。本人たちの余暇活動をサポートすることが，母親たちにとっての心理的活動拠点にもなっているようです。今後，地域のボランティアや支援者たちが，こうした母親たちのサポート活動を支える体制をつくることは，わが国の発達障害者支援の課題のひとつと思われます。

　先日，サポート校から大学に進学したメンバーが，「就職先が見つからず，不安だ」とこぼしました。Cさんは，「あせらず，前向きな気持ちでいることが大事だよ」と助言しました。1人は，「就職すると，自由な時間がなくなってしまう。自分は，自由な時間がほしいから，うらやましい」と言い，別の1人は，「就職すると，先輩にいつも注意される。でも，大人になったのだから，少しずつ厳しいことが増えるのは，当然だと思う」と発言しました。

　大人になったCさんたちは，仲間とのやりとりを通じて，相手を思いやる言葉かけや，自分のことをふり返る言動を，少しずつ取れるようになっています。このような精神的な効果は，専門の相談・療育機関や医療機関，特別支援教育を利用するだけでは，十分には得られなかったかもしれません。彼らにとって同世代の仲間との"何でも話せる対等な関係"は，今後の人生設計に向けた価値形成に影響を及ぼすピアカウンセリングを，さりげなく行う場としても機能しているのです。

〈日戸由刈〉

[文献]

Bauminger, N. & Kasari, C.: The experience of loneliness and friendship in autism: Theoretical and practical issues. In Schopler, E., Marcus, L., Shulman, C. &

Yirmiya, N. (Eds.): The Research Basis for Autism Intervention Outcome. Kluwer Academic/Plenum Publishers, New York, pp.151-168, 2001

Edmonds, G. & Beardon, L.: Asperger Syndrome & Social Relationships. Jessica Kingsley Publishers Ltd., London, 2008（ジュネヴィエーヴ・エドモンズ，ルーク・ベアドン（編），鈴木正子，室﨑育美（訳）：アスペルガー流人間関係─14人それぞれの経験と工夫─．東京書籍，2011）

日戸由刈，萬木はるか，武部正明，本田秀夫：アスペルガー症候群の学齢児に対する社会参加支援の新しい方略─共通の興味を媒介とした本人同士の仲間関係形成と親のサポート体制づくり─．精神医学，52(11)；1049-1056，2010

日戸由刈，萬木はるか，武部正明，片山知哉，本田秀夫：4つのジュースからどれを選ぶ？─アスペルガー症候群の学齢児に集団で「合意する」ことを教えるプログラム開発─．精神科治療学，24(4)；493-501，2009

日戸由刈：社会性の発達病理への予防的介入［1］─特有の興味を活用し，固着から楽しさの"共有"へ─．清水康夫・本田秀夫（編）：幼児期の理解と支援─早期発見と早期からの支援のために─（石井哲夫（監修）発達障害の臨床的理解と支援2）．金子書房，pp.108-114，2012

第 7 章

ライフサイクルを通じた，家族の心がまえ

　これまで述べてきたことをもとに，子どもから大人になるまでのライフサイクルを通じて，アスペルガー症候群の人たちを育て，支援するために必要な家族の心がまえについて整理しておきましょう。

■ 大人になったとき，最低限必要なこと

　この本で紹介した3人は，遅くとも小学校低学年までには診断と支援が開始され，成人期まで支援が続けられた多くのアスペルガー症候群の人たちの経験をもとに，私たちが作り上げた架空の事例です。対人行動と興味や行動のパターンに共通するところがあるとはいっても，アスペルガー症候群の人たちの個性は様々です。この本で紹介した3人も，三者三様でした。読者の皆さんの周りにいるアスペルガー症候群の人も，この3人と似たところもあれば異なるところもあると思います。でも，私たちがこの本で最も示したかったことは，3人とも共通しています。それは，アスペルガー症候群の特徴は残っていても，社会人として社会参加できる「何か」を身につけた大人に成長できたということです。

　今，成人期の発達障害に関する情報が，本やインターネットで氾濫しています。でも，その多くは，アスペルガー症候群であることを気づかれないままに成長過程で大事なことを学び損なったり，いじめに遭うなどして心の傷を負い，併存障害などで苦しんだりしている人たちについての情報です。近年では発達

障害の早期発見が加速的に進歩しつつあるため，小学校低学年までに診断され，何らかの支援を受ける子どもたちが急速に増えてきています。そのような子どもたちの親にとって最も大事なことは，うまく社会参加しているアスペルガー症候群の大人の人たちをイメージできるようにしておくことではないでしょうか。

　この本で紹介した3人の青年は，アスペルガー症候群の特徴が消えたわけではありません。でも，大人になった現在，彼らはそれぞれのやり方で社会に参加できています。このような人たちが，なぜうまくいっているのか，何を身につけたからうまくいったのか，逆にどのような特徴なら残っていても大丈夫なのか，さらにいえば，アスペルガー症候群の特徴の中で積極的に残しておいた方がよい特徴はあるのか，といったことを知っておくことは，親にとってはとても大事なことです。それは，「今やるべきこと」を明らかにすると同時に，「今やらなくてもよいこと」および「たとえやりたくても今やってはいけないこと」を知ることにもつながります。不安と焦りの気持ちでいっぱいの親にとって，このような知識によって得られる安心感は，子どもへの接し方にもよい影響を及ぼします。本書で紹介した3人の青年から，うまく社会参加できるアスペルガー症候群の大人を少しでもイメージしていただければと思います。

　わが子が大人になるまでに，できる限り多くのことを身につけさせておきたいと思うのは，親として当然のことだと思います。たしかに，学歴が高いと社会に出るのに有利な気がしますし，就職するためには何か資格を取っておくとよいのではと考えたくなります。就職活動のセミナーでは，「これからの世の中はコミュニケーション能力が問われる」などとさかんに強調されますし，今のような不景気が続くと就職口も少ないので，多少嫌なことがあっても我慢ができるようになっておかないと，仕事が長続きできないのではないかと心配になります。

　でも，ちょっと冷静に考えてみましょう。すべての人にとって，大人になり社会参加するときに最低限必要なこととは何でしょうか？　学歴が高くても失業している人はたくさんいますし，特別支援学校を卒業した知的障害の人でも就職して毎日充実した生活を送っている人はたくさんいます。本当に必要なことは，学歴，資格，何かの能力などとは別なことかもしれません。私たちは，

第7章　ライフサイクルを通じた，家族の心がまえ

　たくさんの発達障害の人たちと関わりながら，「これだけは絶対にないと社会参加が難しい」というものは何かをとことんまで突き詰めて考えてきました。そして，以下の2つにたどり着きました。
　ひとつは，「心が健康であること」です。アスペルガー症候群の特性そのものが完全になくなることはないかもしれません。でも，意欲低下，自信欠如，うつや不安など，本来のアスペルガー症候群の特性の他に加わってくる心の問題は，予防が可能です。本書で紹介した3人に代表されるように，私たちが支援してきたアスペルガー症候群の青年たちの中には，明るい性格の人，穏やかな性格の人，真面目で意欲的な人がたくさんいます。このように心が健康な人たちであれば，仮に何らかの支援を受けながらであるにせよ，充実した社会参加の可能性が大きく広がります。
　もうひとつは，「自律的かつ社会性をもってふるまえること」です。これは，少し解説が必要でしょう。「自律」とは，「自分をコントロールすること」です。そのためには，自分の特性を知っておく必要があります。必要であれば診断名を知っておいてもよいですが，診断名までは知らなくても，自分の性格，大事にしていること，得意なこと，嫌なこと，苦手なこと，そして，自分にできることとその限界を知っておくことが重要です。しかも，嫌なことや苦手なことは，過剰な苦手意識やコンプレックスを持つことなく知っておく必要があります。一方，「社会性」というと，「他者に合わせること」を社会性と思っている人が多いようですが，アスペルガー症候群の人たちにこれを求めてはいけません。他者に合わせるということは，彼らにとって最も苦手なことですし，「他者」の中にはむしろ合わせない方がよい人や，合わせてはいけない人も一部に含まれているからです。アスペルガー症候群の大人の人たちが身につけることのできる社会性とは，自分以外の人の存在を知ること，自分とは異なる考えを持つ人がいることに気づくこと，社会のルールを守ること，そして，自分1人ではできないことの解決を他者に依頼することです。
　では，心が健康で，自律的かつ社会性をもってふるまえる大人に育てていくために必要なことは何でしょうか？　以下では，社会参加できるアスペルガー症候群の大人へと成長していくための道のりを考えてみましょう。

■ 成長の鍵は，思春期にある

　第5章では，Bさんが日常の学校生活で起こる様々なことについて通級の先生に相談しながら，少しずつ社会性を学んでいる様子が生き生きと描かれています。この様子を読んで，小学生の子どもを持つ親ごさんはどのような感想を持たれたでしょうか？　Bさんが真面目に，そして一生懸命に自分の気持ちを先生にぶつけ，そして学ぼうとしている様子は，今のわが子からは想像ができない……と思った方もおられるかもしれません。ここにこそ，アスペルガー症候群の子育てを考える上で最大の鍵が隠されているのです。

　アスペルガー症候群の特性が何らかの形で目立ち始めるのは，幼児期から小学校低学年にかけてです。一般の子どもにとってこの時期は，俗にいう「物心がつく時期」にあたります。親だけでなく同年代の子どもたちにも関心を持つようになり，親との対人交流が豊かになるだけでなく，特定の仲のよい友達数人と相互的な関係を持ちながら遊べるようになります。一方，アスペルガー症候群の人たちの場合，小学校低学年頃までは「親の言うことをきかない」「自分の好きなことばかりやりたがり，協調性がない」などの特徴が目立つことが多いのです。このため，「自分勝手」「しつけ不足」などと誤解されやすいことがよく知られています。

　子どもにアスペルガー症候群の特徴が見えているからといって，この時期の親が必ずしもそれをアスペルガー症候群の症状と捉えているわけではありません。むしろ，そうでないことの方が多いでしょう。「自分がしつけ不足だから子どもが自分勝手なのかもしれない」と思えば，焦りを感じて子どものしつけをやり直そうと思うのは人情です。親は，子どもを叱ることが増え，何とか子どもを親の指示に従わせようと躍起になってしまいます。

　仮に子どもの問題がアスペルガー症候群の特徴であると早くわかったからといって，それだけで対応がよくなるとは限りません。それどころか，「早くから親が子育てを頑張れば，この子が大人になるまでにアスペルガー症候群の特徴は解消するかもしれない」と期待して，かえって強く子どもを叱り，子どもの行動を抑え込もうとすることすらあり得ます。

第7章 ライフサイクルを通じた，家族の心がまえ

　これらのような接し方の根底には，今見えている子どもの特徴をいけないこととして問題視し，それを少しでも早く消してしまえば将来は安心だと信じたい親の気持ちがあります。実は，子どもの視点に立って見たときに，親のこのような問題視こそが自信を低下させ，自分を否定的に捉えるようになっていく出発点となってしまうことが多いのです。

　たくさんのアスペルガー症候群の子どもたちが大人へと成長している様子をみてきて，感じることがあります。それは，アスペルガー症候群の人たちにとって，「物心がつく時期」は思春期だということです。大人になったアスペルガー症候群の人たちに自分の過去について語ってもらうと，小学生までの記憶がとても自己中心的であり，断片的であることに気づきます。その後，中学生から高校生にかけての時期については，「それより前は自分のことしか見えていなかったけれど，この時期を境に周りが見えるようになってきた」と語ります。自分中心の世界観から周囲の人の存在に気づき配慮するようになる世界観への移行，それは，一般の子どもたちが幼児期から小学校低学年にかけて体験することです。アスペルガー症候群の人たちの発達プロセスの中でも，一般の人たちと最も大きく異なるのが，まさにここなのです。

　アスペルガー症候群のわが子を大人まで育て上げた先輩の親ごさんたちから見ると，このことはどのように映っているのでしょうか？　「小さい頃に落ち着きがなく，思い通りにならないといつも騒いでいたのが嘘のように，今は穏やかで真面目になりました」「人のことなど無視してばかりいたのに，今は逆に人からどう思われるかをかなり気にしているようです」などと語る親ごさんの言葉を，私たちはよく耳にします。親の目から見ても，思春期を境として生じる変化は，小学校低学年頃までは想像もつかなかったほどのものであることが多いようです。

　何かに気づいて興味を持つと，「自分もやってみよう」という意欲がわきます。思春期になり，周囲が見渡せるようになってきたアスペルガー症候群の人たちの多くは，この時期を境に「自分も社会の一員として参加したい」という意欲が湧いてくるようです。そのような意欲をうまく持つことができること，そしてその意欲に応えてくれる支援者が身近にいること。これらの条件が揃うと，アスペルガー症候群の人たちは実に粘り強く，真面目に頑張るようになり

ます。Bさんが通級で支援を受けながら頑張る姿は，まさにその生きた例だといえます。

　ただし，このような変化が生じることによって，子どもたちの社会参加が自動的に改善する，というわけにはいきません。自己中心的な視点から，より広い視点を持てるようになった，まさにその時期に，本人たちは周囲の人たちと自分とを対比して見始めるのです。社会参加したいという意欲があっても，それを自分1人だけで実現させるだけの力は，残念ながら彼らにはありません。友達を作ろうと思って積極的に話しかけても，場の状況にそぐわない発言で相手から敬遠されてしまった，あるいは，どうやって友達を作ればよいのかわからないので，たくさん人がいる所に行くのが怖くなった，などの悩みを持ち，急激に自信を失いかねない時期でもあるのです。

■ 思春期より前に取り組みたいこと

　思春期という，アスペルガー症候群の人たちの多くにとって物心がつく時期に，自信を失うことなく意欲を持って社会参加へ向けた努力が可能となるためには，思春期になる前にやっておかなければならないことがあります。

教科学習よりも心の健康

　今，社会生活の中で深刻な困難さや悩みを抱えたアスペルガー症候群の大人の人たちが，続々と相談や支援の場に現れています。このような人たちの多くは，自信の欠如，うつ，不安など，アスペルガー症候群本来の特性とは別の心の問題に苦しんでいます。うまく社会参加できるようになったアスペルガー症候群の人たちと，困難や悩みを抱えているアスペルガー症候群の人たちとの最大の違いは，アスペルガー症候群本来の特性以外の問題の有無にあるといっても過言ではありません。

　もちろん，アスペルガー症候群本来の特性自体も，決して軽視できるものではありません。でも，近年の様々な研究や実践の積み重ねによって，アスペルガー症候群本来の特性に対する理解と支援の技術は急速に進歩してきています。アスペルガー症候群についての適切な知識を持つ人たちが周囲にいる環境であ

第7章　ライフサイクルを通じた，家族の心がまえ

れば，アスペルガー症候群の人たちは持てる力を存分に発揮して社会参加する可能性は十分にあるのです。一方，それ以外の心の問題を併せ持ってしまった場合，経験を積んだ支援者にとってさえも支援は極めて難しくなります。まだ，こうした状態の人たちに対する支援の技術は十分ではありません。薬物療法などの医学的治療も，なかなか効果が上げられないのが現状です。なんといっても，本人たちの社会参加への意欲が極めて低くなっているため，前向きな気持ちになってもらうことがとても難しいのです。

そこで，思春期までに取り組んでおきたいことの中でも最重要課題は，心の健康づくりということになります。アスペルガー症候群本来の特性以外の心の問題を出現させないこと（予防的介入），そして，万が一そのような問題が出現してきても，それが定着する前に確実に解決させておくこと（危機介入）です。

理屈で言うと簡単なようですが，実際にはこれを実行することは，親にとっても支援者にとっても案外難しいものです。なぜなら，心の健康を損ねる恐れのある最大の要因は，周囲の大人の期待だからです。最近の早期教育ブームによって，「子どもには無限の可能性がある」「小さいうちから始めれば，どのようなことだって身につけることができる」などというスローガンに私たちは多かれ少なかれ影響を受けています。わが国は今，高校進学率が約95％，高校卒業後もさらに上の学校へ進む人が80％以上という，異例ともいえる学歴社会です。対人関係が多少苦手でも，社会性が身についていなくても，せめて高校は，できれば大学まで出ておけば，就職はなんとかなるのではないか，と親や学校教師たちが考えたくなるのも，無理はありません。でも，これが，アスペルガー症候群の人たちの社会参加を阻む可能性を最も高めることになるのです。頭ではわかっていても，つい陥ってしまう最大の罠といってもよいでしょう。

教科学習は，すべてのアスペルガー症候群の子どもに様々な影響を及ぼします。それは，勉強が好きな子ども，嫌いな子ども，得意な子ども，苦手な子どもを問わないのです。勉強が嫌いな子どもや苦手な子どもに小さいときから無理な勉強を課し続けることが，徐々に子どもの心にストレスとして蓄積していくことは，よく知られています。苦手なことを過剰に強要され，好きなことや

121

得意なことを強く制限されることによって，自信を失い，いつも自分が否定されている感情を持ち続けることになるのです。このような子どもの多くが，思春期頃には勉強に対する意欲を失ってしまうばかりか，社会参加する意欲までも失ってしまうことは，容易に想像がつきます。

　一方，勉強が好きな子ども，得意な子どもでも安心はできません。たしかに勉強の意欲が低下することはないかもしれませんが，周囲の人が「勉強さえ頑張って，よい学校に行きさえすれば，よい会社に入れるはず」という気持ちを持っていると，本人にもいつの間にかそのような気持ちが植えつけられてしまいます。思春期頃になると，対人関係やコミュニケーションが苦手であることに少しずつ気づいてきますが，そのことから目をそむけ，人づきあいを避けて勉強により一層逃げ込むことになります。大学や，場合によっては大学院に行くことができる人もいますが，最後の学校を卒業したところで，それまで予想していなかった「就職」という関門が待ち構えています。今の時代，勉強がどれだけできても，会社でうまくやっていけるとは限らないことくらい，どこの会社の人も知っています。人づきあいを避けて勉強に邁進してきたアスペルガー症候群の人たちの多くは，卒業はできても就職の面接では次々と断られてしまいます。「勉強さえ頑張れば何とかなるはず」とそれまで信じていた価値観が，ここで根底からくつがえされてしまうのです。このためにうつになってしまう大人のアスペルガー症候群の人たちを，私たちはあまりにも多く経験しています。

　アスペルガー症候群の人たちにとって，学校の教科学習と心の健康は，二者択一となるようです。勉強を選べば，心の健康を損ねるおそれがあります。逆に，心の健康を保つためには，勉強で無理をさせることや，勉強一筋の生活を送らせることを慎まなければなりません。どちらかひとつしか選べないとすると，心の健康を選ぶべきであることは明らかでしょう。

自信と現実感の得られる生活環境づくり

　では，積極的に心の健康を増進していくためには，何が必要でしょうか。それは，自信と現実感の得られる生活環境づくりです。

　人が自信を持つのは，もともと好きなことや得意なことです。苦手なことを

第7章　ライフサイクルを通じた，家族の心がまえ

頑張れたというのも自信につながることはありますが，初めから苦手なことだけをやらされていると自信よりは疲労感の方が強くなってしまいます。特に，まだ子どものうちは，苦手なことを頑張った自信よりも，好きなことや得意なことを褒められた自信の方が得やすく，かつ持続します。思春期より前の，まだ自分中心で周囲に目配りのできない時期の子どもたちにとって，「今はつらいけれども，これが将来きっと役に立つ」と承知して嫌なことや苦手なことでも頑張る，などということを期待するのは，とても無理なことです。この時期の子どもたちに必要なことは，好きなことや得意なことを十分にできるように保障して，自信をつけることです。

　ただし，ひとつだけ気をつけておくべきことがあります。好きなことや得意なことであっても，何のルールや制限もなくやりたい放題にしてはいけないということです。なるべく規則正しい生活習慣の中で，やる時間や，やるときのマナーなどについてルールをつくり，守れるように工夫はしておきましょう。

　思春期前に必要なことのもうひとつは，現実感の持てる生活です。社会参加とは，自分が現実の社会の中で何か活動することですが，それだけでなく自分がやったことによって現実の社会が何か変わったと実感できることが，とても重要です。成人期にうつになってしまった人や，家にひきこもってしまった人たちは，残念ながらそのような現実感を生活の中から得ることがとても難しくなっているのです。そうした状態にならないよう予防し，心の健康を増進するためには，子どもの時期から少しずつ現実社会との接点で何か活動し，変化を実感する体験を積むことが重要です。「社会の変化」といっても，子どもが経験することですから，そんなに大げさなことではなくても大丈夫です。お母さんやお父さんといっしょに料理を作って，できた料理を他の家族から「おいしいね」と言ってもらう，そんなちょっとした体験が，子どもにとってはとてもうれしいのです。

　アスペルガー症候群の人たちが好きなことや得意なことを生かして，そのような体験を積むための工夫をしてみましょう。例えば，電車がとても好きな子どもの場合，家族で旅行をする際の旅程や乗る電車を親子でいっしょに考えてみるとよいでしょう。いっしょに時刻表やインターネットで電車を調べ，いっしょに駅まで行って切符を買ってくる，そんな体験が，子どもと社会の貴重な

123

接点となるのです。
　子どもが好きなことや得意なことが教科学習やテレビゲームの場合，注意が必要です。これら2つだけは，没頭すればするほど現実社会から遠ざかってしまう側面があるからです。いわば，「バーチャル化」です。教科学習が最も得意な子どもの場合，親は「この子は将来学者になればよい」と考えがちです。勉強以外の身の回りのことを全部やってあげるという親すら出てきます。このような状態で成長してしまった子どもが，人生のどこかの段階でちょっとした挫折を味わうと，驚くほど生活力がなくなってしまい，ひきこもりのリスクが高まります。テレビゲーム好きの子どもの場合，親は決してわが子がゲームに没頭することを好ましくは思いませんが，あまりにも子どもがゲームをやりたがるために，ついつい妥協してしまいがちです。その場合，「ゲームをやっていいから，かわりに勉強しなさい」という交換条件を出すことが多いようです。こうなると，その子どもの1日はゲームと勉強で占められてしまうことになります。いわば，「バーチャル一色の生活」です。このような子どもは，ほんの些細なトラブルですぐにひきこもってしまいます。教科学習やゲームがとても好きな子どもの場合，これらを禁止する必要はありませんが，他にもっと現実感の得られる生活経験を積めるよう，配慮していく必要があります。

合意の習慣を通じた自律と社会性の育成

　自律的かつ社会性をもってふるまえる大人に育っていくための取り組みは，思春期よりも前，できるだけ早い時期から始めたいものです。どちらか一方に偏るのではなく，両者を並行して育てていきます。そのようなことが果たして可能なのか，と不思議に思う人もおられるかもしれません。その鍵となるのが，「合意の習慣」です。
　一般の子育てでは，特に子どもがまだ小さいうちは，「子どもは大人や目上の人の指示や命令に従うものだ」と考える人が多いと思います。でも，アスペルガー症候群の人たちは，なかなか他者の指示や命令に従いません。このため，ついつい強く叱ったり，罰を与えたりするといった対応が増えてしまいます。結果として，子どもたちは自信を失ってしまいがちです。一方，「自分で判断できるように育てたい」という考え方もあります。この場合，何も指示したり

第7章　ライフサイクルを通じた，家族の心がまえ

せず，よく言えば「子どもの自主性に任せる」，悪く言えば「やりたい放題を許して放任する」という形になってしまいます。このやり方は，もし子どもが他者への配慮や社会のルールに気づけずに暴走してしまっても，歯止めが利きません。結果として，社会性を育てることができません。

　指示や命令に従わせない，しかしやりたい放題にもさせない，そのために必要なのが，合意の習慣です。合意とは，複数の人が行動の方針を決める際に，誰かが提案をして，他の人が同意するという手続きです。もちろん，提案がそのまま合意に至らない場合には，皆で意見交換をして歩み寄る必要があります。合意が成立するためには，1人1人が自分の立場や意見と他者の立場や意見を表明し，理解しあうことが必要です。まさに自律的かつ社会性をもってふるまうことです。

　思春期以前，特に幼児期から小学校低学年のアスペルガー症候群の子どもたちは，何でも自分中心の視点しか持てず，他者の存在への気づきがまだ弱いものです。しかも，彼らはいったんこうだと思うと，こだわりが出てしまってなかなか変更できません。そこで，この時期のアスペルガー症候群の子どもに合意の習慣を身につけさせるためには，ある工夫が必要です。それは，原則として提案は大人がすること，ただし，その内容は子どもが同意しやすいように配慮しておくことです。このような工夫をすると，合意の成立がしやすくなります。また，子ども自身は自分の判断で決定したという達成感を持ちやすくなるため，自信につながります。さらに，合意しやすい提案をしてくれる大人との間に，彼ら特有の信頼関係も生まれます。信頼関係がまだ不十分な段階では，大人の側がかなり子どもに歩み寄ってあげる必要があります。合意する経験を繰り返すうちに，子どもの側にも徐々に歩み寄ろうという姿勢が生まれてくるものです。

　大人と子どもとの信頼関係がある程度築けたら，大人から提案するだけでなく，子どもから提案して他の人がそれに対して意見を述べて話し合い，合意に至る，という練習も，徐々に取り入れていくとよいでしょう。このような経験を積んだアスペルガー症候群の子どもたちは，何か物事を進める際に，自分の意見を出すだけでなく他者の意見も聞いておこう，もし意見が異なる場合，話し合いをしよう，という姿勢が必ず身につきます。この姿勢こそ，まさに自律

的かつ社会性を持ってふるまうことの基礎となるのです。

■ 「支援つき試行錯誤」：試行錯誤する本人，それを支える家族

　思春期以降，周囲を見渡せるようになり，社会参加への意欲が湧いてくる，と前に述べました。そのことを最初に感じるのが，進路選択のときです。通常は高校進学に際してということが多いですが，早い人ですと中学進学のときにそのような変化が現れます。

　それ以前の進路選択は，本人はほとんどピンときていないうちに親主導で決められていきます。また，義務教育の公立の学校の場合，本人が特に選ばなくても自動的に行く学校が決まっています。しかし，高校はそうはいきません。どの学校に進むのかを，本人が自分で考えなければなりません。ただし，自分の希望したところに無条件で行けるわけでもないので，自分の学力や進みたい方向に合った学校の候補をいくつか選び出し，その中から自分の志望校を決めていくことになります。そのためには，学校の情報を集めたり，先生と相談したりする必要があります。これらの手続きを全部1人でこなすことは，発達障害がない生徒にとっても難しいことです。

　この時期に鍵となってくることが2つあります。1つ目は，本人が自分で試行錯誤できるかどうか，もうひとつは，親が子離れできているかです。

試行錯誤できる人は成長し続ける

　「試行錯誤」とは，「たとえ誤りがあってもいいから，いろいろと試してみる」ということです。試行錯誤ができるためには，「とりあえず，何かひとつ方針を決めて，やってみよう」という思い切りのよさと，「失敗したら別の手を考えればいいや」という切り替えのよさが必要です。これらは，小さいときから訓練すれば身につくというものではありません。アスペルガー症候群の人たちは，思春期前は心の健康が大事だと前に述べましたが，思春期前の心の健康には，思春期以降に試行錯誤をするためのエネルギーを充電するような役割があるようです。十分に充電できた人は，思春期以降に様々な試行錯誤をしてもエネルギーが減りません。しかし，思春期前に無理を重ねて心の健康を損ね

第7章　ライフサイクルを通じた，家族の心がまえ

てしまった人は，そもそも試行錯誤を始めることができなくなってしまいます。あるいは，たとえ頑張って試行錯誤を始めてみても，ちょっとしたトラブルで大幅にエネルギーを消耗してしまい，気力が続かなくなってしまうようです。

　思春期になってくると，自己決定を求められることがいろいろ増えてきます。進路選択がその最たるものです。このような状況におかれたとき，本人がどの程度「自分で考えたい，自分で決めたい，試してみたい」という意欲をみせるかを，まずは見ておきましょう。どうしても意欲が湧かないようであれば，自己決定を促し，試行錯誤させてみるのは時期尚早かもしれません。小学生のうちは，まだ自己決定が難しく試行錯誤を開始する段階に至っていなくても問題ありません。ただし，高校進学に際しても自分で考えようという意欲が湧かないときは，うつや不安が高まった，いわゆる併存障害の徴候かもしれませんので，注意が必要です。

親の子離れと「黒子（くろこ）」への転身

　一般の子どもの場合，思春期の一番のテーマは「親離れ」です。子どもは，小学校低学年までは親や教師など大人の言うことに疑うことなく従い，基本的な生活習慣，社会性，道徳性などを身につけていきます。しかし小学校高学年になると，状況によっては権威のある大人の助言よりも，同世代の仲間同士で共有される価値をよしと考えるようになります。大人世代と仲間世代との異質性を意識するようになり，最も身近な大人である親に対して反発や懐疑を繰り返しながら，主体的に判断し計画する能力を発達させていきます。思春期の子を持つ親には，わが子の急激な変化に直面しながら，わが子の判断や計画を尊重し，距離を保って見守ること，すなわち「子離れ」が自然と促されます。

　一方，アスペルガー症候群の子どもにこうした親離れが生じる場合は稀です。アスペルガー症候群の人たちは，小学校高学年になっても一般の子どものように大人の言動を疑うことや，仲間同士で独自の価値を共有することは極めて困難であり，親離れに至り難いのではないかと考えられます。したがって親の側も，乳幼児期から続けてきた子育ての姿勢を切り替えるタイミングを逸しがちであり，子離れが難しくなる場合が少なくありません。日常生活上の細かい事柄から進路選択のような大きな問題に至るまで，親が子どもの領分に口を出し，

127

常に親が決めて子に従わせる一方向的な関係になりやすいため，こうした問題の存在を自覚しにくいのです。親の想定するわが子の進路や生活スタイルが，子ども自身の特性や願望と一致していれば，このような親の態度は子どもに大きな矛盾を生じさせることはないでしょう。むしろ順調に成人期に至るためのよき手助けとなるかもしれません。しかし，通常学級の中で高い学力を発揮するタイプのアスペルガー症候群の場合，親の多くが子どもの学力のみに注目して高いレベルの進路や生活スタイルを想定しがちになります。反面，子どもの対人関係やコミュニケーションの苦手さや，親の想定よりもっと素朴な願望を見過ごすことが少なくありません。

　中学生・高校生への支援では，親の側に子離れを図り距離を保ってわが子を見守る姿勢をつくること，そしてアスペルガー症候群の子どもの側に主体者としてふるまう経験を保障すること，すなわち"親子関係の再構築"が特有のテーマと考えられます。子どもの試行錯誤を後ろから見守りながら，必要なときにはさりげなく目立たないように支援の手を差し伸べる，いわば「黒子」の役割へと転身していかねばなりません。

　家族は，わが子のことをわかったつもりでいても，本当のところはよくわかっていないことが案外多いようです。本人をより正しく理解するために，まずは本人の言い分に，じっくりと耳を傾けましょう。例えば子どもが「アニメが好きだから，将来は声優になりたい」と希望すると，すぐに「そんな仕事は不安定だからやめた方がいい」と反論してしまうことはありませんか？　反論する前に，子どもがそれを希望した理由はなぜか。そう考えるようになった契機はいつからか。自分のどこが声優に向いていると思ったのか。逆に，声優でやっていくことに難しさを感じる点はあるか。声優になりたいという願望に向けて，具体的に何を準備してきたか，など質問し，本人の言い分を丁寧に聞き取るのです。

　本人の言い分を十分に聞き取った後は，家族は今後の情報収集や行動計画について，いくつか課題を出してみましょう。子どもが自分の進路を自分で考えるためのヒントになります。例えば，声優になるための専門学校の入学には，どのような手続きが必要で，それは誰がするのか。入学の費用はどのくらい必要で，どうやって調達するつもりか。その学校を修了した人は，全員が声優に

第7章　ライフサイクルを通じた，家族の心がまえ

なれているのか。なれなかった場合は，どうやって生活費を稼ぐつもりか，などいくつかの質問を紙に書き，「この質問に対する答えが書けたら，持っておいで」と言って子どもに渡すのです。「わからないときは，いつでも相談に来てもよい」と一言そえることも，忘れずに行いましょう。

　さらには，家族から出された課題に対して，本人がどのくらい主体的に動いて，情報を集め，計画を立てられるかによって，家族の側も今後のサポートの方針が変わります。子どもによっては，半年くらいかけて，半分以上の項目を埋めて持ってくる場合もあります。まったく取り組もうとしない場合もあります。家族は，子どもの取り組みの様子を，冷静に観察しましょう。「最初は無理と思っていたが，この調子で段階的にサポートしてみよう」となるか，「これ以上取り合うことは，やめよう」となるかは，子ども次第です。

　このように，家族は何事も先回りして判断することは控え，本人が自分で考えるプロセスを大切にしましょう。そのプロセスは，傍から見ているとハラハラ，イライラするかもしれません。しかし，子どもが自分の進路について，どれくらい主体性と実行力を持っているかを家族が見極めることは，子どもと家族のすれ違いを少なくする近道です。焦らず，時間をかけて見守りましょう。結局のところ，子どもが自分の願望に向けて前進するも，止めてしまうも，子ども次第になります。

　本人の試行錯誤を親が黒子として支える構造は，思春期以降の親子関係の基本になります。アスペルガー症候群の人たちは，どんなにその特徴が軽微であっても誰か支援してくれる人が必要です。支援者は，必ずしも親である必要はありません。できれば，成人期以降には家族以外にそのような支援者を確保していくのが望ましいです。そのような支援者を見つけていくところまでは，「黒子」としての親の存在があるととても心強いです。根気強く付き合っていきたいものです。

　もちろん，親だって人間です。自分の事情を差し置いて，子どもにすべてを捧げることは不可能です。逆に，無理をし過ぎて親の方が心の健康を損ねてしまっては，元も子もありません。「自分にできる範囲を知り，できないと思ったことは他の人に支援を依頼する」というのは，子育てをする親にも必要なことです。親自身の心の健康を保ちながら思春期以降の子離れと黒子への転身を

順調に進めていくために，相談機関の確保と親同士のネットワークの存在は重要かもしれません。子どもの問題は親が責任をとらなければ，と考え過ぎずに，専門家への相談や親同士の情報交換を無理のないペースで継続しておかれるとよいでしょう。

〈本田秀夫・日戸由刈〉

付　録

備えあれば憂いなし！
知っておきたい，
アスペルガー症候群の人たちのためのサポート INDEX

　アスペルガー症候群の人たちの日常生活に関わりのある相談機関やサービス，ライフステージに沿った教育や就労に関する各種の支援や制度等を紹介します。
　発達障害に関わる法制度や具体的なサービスは，今まさに整備されつつあり，刻々と変化している状況です。本書の項目や引用元を参考に，必要に応じて最新の情報を集めることをお勧めします。ここで紹介する内容は，平成25（2013）年1月現在の情報です。

■ 年齢を問わずに利用可能な相談機関・サービス

○発達障害者支援センター——困ったときの総合窓口

　発達障害の方の生活や就労に関する相談の，「総合窓口」というべき機関です。"インターネットの検索サイト"だと考えると，わかりやすいかもしれません。
　「就労したいのだが，就職活動がうまくいかない。何から始めたらよいかわからない」「発達障害かもしれないと思うのだが，どの病院に行ったらよいか教えてほしい」などの主訴（第4章参照。インターネットでいえば，"検索ワード"ですね）に対して，相談に乗ってくれたり，必要に応じて医療や就労に関する他機関の情報を提供してくれたりします。
　まだ発達障害の診断を受けていない場合でも，相談を受け付けてもらえます。その場合，相談の経過によっては，医療機関の受診を勧められることがあるかもしれません。

発達障害者支援センターは，各都道府県や政令市の単位で設置されています。こちらのサイトに一覧がありますので，ご参照ください。

> 国立障害者リハビリテーションセンター「発達障害情報・支援センター」
> http://www.rehab.go.jp/ddis/ 相談窓口の情報 /

　自治体によっては，本人の年齢により相談のできる支援機関を分けているところもあります（小学生までは児童対象の相談機関，中学生以降は成人対象の相談機関が管轄する，など）。そのため，詳しい相談に入る前に，別の機関へ紹介される場合もあります。

> 　インターネットの検索サイトで"検索ワード"を入力しても，1回では希望の情報が出てこないことはしばしばあるものです。どんなことで困っているのか，どんな情報がほしいのか，どういうサービスを受けたいのか……"検索ワード"をさらに詳しく追加したり，別の言葉で言い換えてみたりしながら，相談を進めるとよいでしょう。

○医療機関 ——本人の状態の評価や特性理解のために

　適切な支援を受け，その効果を発揮させるためには，なにより本人の状態を正しく把握し，障害特性を十分に理解することが大前提となります。医療機関の規模にもよりますが，大きな病院であれば医師だけでなく，心理士，ソーシャルワーカーなどの専門家がチームとなって支援します（第4章参照）。

　利用にあたっては，まず「主訴」を明確にし，受診の申し込みが必要となります。風邪を引いたり骨折したりして病院にかかる場合とは異なり，どんなことで相談したいのかを，本人または家族の方が，自身の言葉で説明できることが必要です。発達障害について専門的な診察ができる医療機関についての情報が手元にないときは，発達障害者支援センターに問い合わせてみるのも，ひとつの方法です。地域の保健センターや保健所などの精神保健担当でも，情報提供が受けられる場合があります。

付録　備えあれば憂いなし！知っておきたい，アスペルガー症候群の人たちのためのサポートINDEX

> 専門家の説明を聞いても，ピンとこない，実感と合わない……その場合，主治医から紹介を受けて，別の医療機関で意見を求めることも可能です（セカンド・オピニオン）。ただし，まず主治医に「何についてピンとこないのか」をはっきり伝え，追加説明を求めてみてください。お互いの意図をちょっと粘って伝えあうことで，解決できることが多いかもしれません。

○障害者手帳 ──サービス利用の"通行手形"

　現在のわが国の福祉行政においては，申請すれば公的なサービスが受けられる（逆に，申請しなければ受けられない）という「申請主義」がとられています。障害者手帳は，いわばサービス利用の"通行手形"です。サービスを利用しない限りは，手帳を所持していることを他人に明かす必要はありませんし，行政や医療機関が勝手に明かすこともありません。

　障害者手帳には身体障害者手帳（身体障害のある人を対象），療育手帳（知的障害のある人を対象），精神障害者保健福祉手帳（精神障害のある人を対象）の3種類があります。ここではそのうち，発達障害のある人に関係することの多い次の2つを紹介します。

(1) 療育手帳

　知的障害のある人に対して，一貫した指導・相談等が行われ，各種の援助措置を受けやすくすることを目的に交付される手帳です。地域により，「愛の手帳」「緑の手帳」などと呼ばれることもあります。

　療育手帳の申請は，市区町村の福祉担当窓口で行います。その後18歳未満の場合は児童相談所，18歳以上の場合は知的障害者更生相談所で障害の程度の判定を受け，結果に基づいた等級の手帳が交付されます。

(2) 精神障害者保健福祉手帳

　精神障害のある人に対して，各方面の協力を得て各種支援策を講じやすくし，

自立と社会参加の促進を図ることを目的として交付される手帳です。手帳の名称は「精神障害者保健福祉手帳」ですが，"精神障害者"と記載されていると携帯しづらいという当事者等からの意見を考慮し，表紙には単に「障害者手帳」と記載されています。

　精神障害者保健福祉手帳の申請は，市区町村の保健センター福祉担当窓口で行います。判定の資料として，医師の診断書か精神障害を支給事由とする年金受給証書の写しの提出が求められます。

　平成22（2010）年の障害者自立支援法の一部改正により，障害者の定義の中で，精神障害に発達障害が含まれることが明文化されました。これにより，発達障害の人たちも精神障害者保健福祉手帳を取得できることが周知徹底されるようになり，各種サービスにアクセスしやすくなることが期待されています。

　それぞれの手帳の詳しい申請方法は，お住まいの地域（○○市，△△県）／療育手帳または精神障害者保健福祉手帳／申請，で検索してみてください。

■ 就学前〜学齢期に利用可能な支援機関・サービス

《公立の小学校・中学校に在籍する場合》

○教育センター，特別支援教育センター

　主として義務教育期間中の児童生徒の学校生活，進級・進学に関する保護者（と本人）からの相談や，学校や教師への指導・研修を担当する教育委員会の機関です。幼稚園や保育所の年長児の，就学についての相談を受けることもあります。自治体によって，「教育センター」や「特別支援教育センター」など，名称は様々です。お住まいの地域（○○市，△△県）／教育委員会／相談，などの複数のキーワードで検索してみるとよいでしょう。次のサイトからも検索できます。

付録 備えあれば憂いなし！知っておきたい，アスペルガー症候群の人たちのためのサポートINDEX

> 国立特別支援教育総合研究所「発達障害教育情報センター」
> http://icedd.nise.go.jp/ 【教育相談】→【身近な相談機関について】

　利用するには，申し込みが必要となります。助言を受けたい内容やこれまでの様子を簡単にまとめておくと，相談がスムーズに進むでしょう。すでに就学している小・中学生の場合は，まず在籍する学校の担任や「特別支援教育コーディネーター」に相談してみましょう。特別支援教育コーディネーターは，保護者や関係機関に対する学校の窓口として，また，学校内の関係者や福祉，医療等の関係機関との連絡調整役としての役割を担います。

○通級指導教室

　障害等による困難の程度が比較的軽度で，通常の学級に在籍し，教科等の授業には概ね参加できる児童・生徒に対して，一斉指導では学びにくい社会的スキルや学習のための方略など，個々の教育的ニーズに応じた指導・支援を行うための場です（第5章参照）。適応指導教室と呼ばれたり，独自の通称（「まなびの教室」など）を定めていたりする地域もあります。対象や設置数，指導の形式は，地域によってかなり異なるのが現状ですが，利用できるのは義務教育期間に限られます。

　通級指導教室に通うには，まずは各自治体の教育委員会の担当部署（教育センターや特別支援教育センターなど）で相談し，適応の判断を受ける必要があります。

○特別支援学級

　障害等により教科学習をはじめ学校生活において，個々のニーズに応じた特別な支援を必要とする児童・生徒を対象とした少人数の固定学級です。通級指導教室よりも，学校生活全般における支援の度合いが高いといえます。地域・学校によって，育成学級，個別支援学級など，呼び方は様々です。通級指導教室と同様に，利用できるのは義務教育期間に限られます。

　特別支援学級に在籍するには，自治体によって，学校長と直接相談する場合

と，教育センターや特別支援教育センターなどでの相談を経て決定する場合とがあります。まずは在籍している（あるいは入学予定の）学校に問い合わせてみるとよいでしょう。

「通級指導教室」，「特別支援学級」，この後に紹介する「特別支援学校」等，特別支援教育の学校制度や対象については，こちらのサイトでも詳しく紹介されています。

> 国立特別支援教育総合研究所「障害のある子どもの教育の広場」
> http://www.nise.go.jp/cms/13.html
> 【特別支援教育の基本的な考え方】

《中学校を卒業した後》

　アスペルガー症候群の人たちの多くは，中学卒業後，高等学校に進学しています。高等学校における特別支援教育の整備は，中学校までに比べてかなり遅れており，地域や学校によるばらつきも大きいようです。平成19（2007）年の学校教育法改正で「高等学校についても障害のある生徒への教育を行うこと」が明記され，いくつかの高校でモデル事業が実施されるなど，支援の技術や体制づくりの模索が始まったところです。

　一方，平成23（2011）年1月より，大学入試センター試験では，発達障害の受験生が障害特性に配慮した試験を受けることが可能になりました（試験時間の延長，拡大文字の問題用紙，別室での受験など）。これらの配慮を受けるためには，出願時点で大学入試センターの許可が必要となります。その際，医師の診断書に加えて，高校の定期試験や普段の学校生活で特別な措置が取られていたことを示す書類が必要です。高校での支援に対するニーズは，今後急速に高まるでしょう。

○特別支援学校高等部・高等特別支援学校

　特別支援学校は，障害のある児童生徒に対し，教科学習だけでなく，生活能

力の向上や将来の自立に向けた専門的な指導を行う学校です。かつては養護学校と呼ばれていました（現在も一部の地域や学校では，この呼称を使用しています）。この中で，高等学校に準ずるのが「特別支援学校高等部」です。一部の都道府県や政令市では，知的障害が比較的軽度の生徒に対する職業教育・専門教育により重点を置いた「高等特別支援学校」（高等部のみ）も設置されています。卒業すると，高校卒業資格そのものにはなりませんが，大学入学資格は認められます（学校教育法第90条）。

　入学にあたっては，入学考査が課されることが多いようです。事前に教育センター等での評価や相談が必要な場合や，出願資格を「療育手帳所持」，「中学校の特別支援学級に在籍」などと限定している地域もあります。進路選択が差し迫るまでには，入学に必要な条件などについて情報収集をしておきましょう。

○大学・専門学校等での支援

　学校により設置状況や形式は異なりますが，学業や学生生活のサポートと，卒業後の進路（就職）のサポートが用意されているところは多いようです。

(1)　学生相談室，学生サポートセンター

　授業選択や研究計画の行き詰まり，ゼミやサークルでの人間関係や卒業後の進路選択の悩みなど，障害の有無にかかわらず，学生生活に関する相談一般に対応するところです。名称は大学によって様々で，相談・カウンセリングを担当する部門と，障害のある学生への具体的な修学支援を担当する部門を分けているところもあります。

(2)　就職課，キャリアセンター

　進路選択に関する相談，求人情報の提供，就職活動や採用試験に臨むための知識やスキル獲得を目的とした講座などを実施し，卒業後の進路に関するサポートを行います。最近は，就職活動が本格化する前の学生から卒業生まで，幅広くサポートしている大学が多く見られます。支援の個別性には，専攻や学校自体のカラーによる違いも大きいようです。障害特性に応じた配慮の程度も様々です。

■ 青年期，成人期以降に利用可能な支援機関・サービス

○ハローワーク（公共職業安定所）

　国民に安定した雇用機会を確保することを目的として，国が設置する行政機関です。求職者には，就職（転職）についての相談・指導，適性や希望に合った職場への職業紹介，雇用保険の受給手続きなどのサービスを提供しています。今，中学生前後の子どものいる親世代にとっては，若者の頃にハローワークを利用するというのは，イメージが持ちにくいかもしれません。しかし実は，ハローワークには，若者の就職をサポートする様々な支援も用意されています。

　ハローワークの若者対象の部門は，「ヤングハローワーク」等と呼ばれ，大学（院）・短大・高専・専修学校等の卒業予定者と卒後3年以内の就職活動中の者，および正規雇用を目指すフリーターを対象として，求人情報の提供，職業相談，職業紹介，応募書類添削，模擬面接等の支援を提供しています。平成24（2012）年度からは，特に正規雇用を目指すフリーターへの就職支援を専門的に行う拠点も，各都道府県に置かれるようになりました。

　そして，障害を持った人を対象とした「専門援助部門」も，各ハローワークに設置されています。それぞれの障害特性に合った働き方をいっしょに考えながら，必要に応じて，この後に紹介する各種の就労支援機関や発達障害者支援センターとも連携します。国や都道府県が設置する「障害者職業能力開発校」に入校を希望する場合も，窓口となります。専門援助部門の利用は，自分自身に障害の診断があり，専門支援が必要と認識していることが前提です。

　もちろん，障害を前提とした支援は受けずにチャレンジしてみたい，という選択もあるでしょう。平成19（2007）年度から，ハローワークの一般相談窓口にも，発達障害等に起因するコミュニケーション能力や対人関係に困難を抱えている若者のための専門相談員の配置が進められ，現在39都道府県に拡大しています。こうした専門相談員による個別支援を通じて，自分自身の特性と向き合いながら，就職という目標に向けて適切な支援を選択していく，というルートもひとつです。

付録　備えあれば憂いなし！知っておきたい，アスペルガー症候群の人たちのためのサポートINDEX

　ただし，地域特性による整備状況の違いはもちろん，雇用情勢によっても施策は変化しますので，まずは発達障害者支援センターに問い合わせ，お住まいの地域の現状に合った進め方を相談されるとよいでしょう。

○障害者就業・生活支援センター

　就労を希望している，もしくは就労中の障害のある方を対象とした機関です。厚生労働省から選定された民間法人等が運営しており，全国各地に設置されています。就労に関する相談をはじめ，就職に向けた適性評価や職場実習，就職後の職場定着支援，日常生活や地域生活への支援など，本人への継続的なサポートと，事業主への支援・相談調整を行います。利用するには，障害者手帳を所持しているか，取得見込みであることが条件となる場合もあるようです。ほかに，就業支援を中心とする「障害者就労支援センター」を独自に設置している自治体もあります。

○障害者職業センター

　専門的な職業評価，職業カウンセリング，職業準備訓練や職場適応援助を重点的に行う機関です。各都道府県に設置されており，医師の診断があれば，障害者手帳を所持していなくても相談は開始できます。事業主や，障害者就業・生活支援センター，この後紹介する就労移行支援事業者など，関係機関への技術援助や助言も行います。

　就労支援機関については，こちらのサイトにも一覧がありますので，ご参照ください。

厚生労働省 http://www.mhlw.go.jp「障害者雇用対策 施策紹介」
【政策について】→【分野別の政策一覧】→【雇用・労働】→【雇用】→【障害者雇用対策】→【相談・支援機関の紹介】

○障害者雇用：障害者雇用枠での一般就労

　障害のある人の雇用を促進するため，国は労働者数が一定以上の企業に対し

て，従業員の1.8%（平成25（2013）年度からは2.0%に引き上げられる予定）に相当する障害者を雇用することを義務づけています（法定雇用率）。これを満たさない企業からは納付金が徴収され，障害者を多く雇用している企業には助成金等が支給されます。この法定雇用率に算定されるのが，障害者雇用枠での就労です。雇用形態は企業によって様々で，現実にはパートタイム雇用が多く，十分な賃金が保障されていないのが現状です。しかし一方で，企業が適性に応じた業務の工夫やコミュニケーションのアドバイスができるジョブコーチ（職場適応援助者）を導入しやすいなどのメリットもあります。

障害者雇用枠での就労には，障害者手帳の取得が条件となります。ただし，障害者手帳はあくまでも支援を利用するための"通行手形"です。手帳を所持している人は一般雇用枠（いわゆる"普通の"採用枠）に応募できない，という訳ではありません。また，厚生労働省は事業主に対して，採用段階から，当事者のプライバシーに配慮するのは当然のこと，障害者手帳の取得や開示等を強要してはならないというガイドラインを設けています（第2章参照）。

「就職したい気持ちはあるけれど，今すぐ一般就労を目指すには知識やスキルの面で心配……」という方もいるでしょう。そのような場合は，福祉就労の場を活用しステップアップしていくことも考えられます。福祉就労の場には，「就労移行支援事業所」，「就労継続支援事業所」があります。

「就労移行支援事業所」では，所内での訓練のほか，現場での実習等を組み，一般就労に向けて必要な知識とスキルの習得を目指します。利用期限は原則2年以内です。作業に対して賃金が支払われますが，最低賃金は保障されません。

「就労継続支援事業所」には，A型（雇用型）とB型（非雇用型）の2つがあります。どちらも，今すぐの一般就労が難しい方に働く場を提供し，知識とスキルの向上のために必要な訓練を行うもので，利用期限はありません。A型は事業所と利用者が雇用契約を結び，最低賃金が保障されます。B型は事業所と利用者が利用契約を結び，最低賃金は保障されませんが，比較的個人のペースに合わせた通所や作業時間の調整が可能です。

これらの事業所の利用にあたっては，市区町村の障害福祉担当窓口での利用申請が必要となります。障害者手帳の所持は，利用の必須条件ではありません。

また,「そもそも生活のリズムを整えて,日中活動のサイクル作りが必要」という方には,いわゆる小規模作業所への通所や,保健センターや精神科クリニックのデイケアを利用する,といった選択肢も考えられます。

○障害基礎年金

　20歳以上で一定以上の障害がある方に給付される年金です。給付要件は,国民年金法の定める1級,2級の障害の状態にあることです(この級は,障害者手帳の等級とは異なります)。ただし,本人の所得が一定の限度額を超えた場合,給付は停止されます。

　申請は,市区町村の年金担当窓口で行います。申請書といっしょに,医師の診断書の提出が必要となります。

○生活寮,通勤寮

　どちらも,15歳以上の障害のある方を対象とした共同生活施設です。グループホーム,通勤ホーム等の名称を使用している地域もあります。職場に通勤しながら,対人関係の調整,余暇の活用,健康管理など,独立自活に必要な指導を受けられます。一定期間の利用を通じて,社会適応能力を向上させ,円滑な社会参加を図ることが目的です。そのため,基本的な身の回りの処理が,ある程度自立していることが利用の条件に含まれるところもあります。

　利用にあたっては,市区町村が定める基準に基づき,利用者の収入額および利用者の扶養義務者の課税状況に応じた負担額が決められます。設置数や空き状況などは,地域によって様々です。まずはお住まいの地域(都道府県,市区町村)の障害福祉担当に問い合わせてみるとよいでしょう。

〈萬木はるか〉

あとがき

　アスペルガー症候群を含む高機能発達障害の人たちへの支援の重要性が，様々な領域からクローズアップされるようになりました。全国的に支援の場が整備されつつありますが，その多くは，まだまだ困ったときにやむを得ず駆け込む方たちへの対応に追われているのが現状です。発達障害の特性は，生涯を通じて存続します。本来は，困ったときにだけ駆け込む場ではなく，子どもから大人に至るまで，いつでも気軽にサポートを受けられる場が必要です。

　私が勤務する横浜市総合リハビリテーションセンターの発達精神科では，25年前の開設当初から，地域で暮らす発達障害の人たちが継続的に相談できる臨床システムの構築に取り組んできました。結果，幼児期に受診した発達障害の本人とその家族の多くが，成人期になってからも引き続き，診察や心理相談の場に訪れています。数多くの苦労と試行錯誤を経て大人になったご本人とご家族の姿から，私はたくさんのことを教わりました。これまでに実感したこと・納得したことをまとめ，小学生や中学生の子どもを持つ"後輩"の親ごさんたちに伝えることができれば……そんな動機から，本書『アスペルガー症候群のある子どものための　新 キャリア教育――小・中学生のいま，家庭と学校でできること』を企画しました。

　「キャリア教育」という用語は，10年以上前に登場した教育用語です。学校教育における「キャリア教育」の目的は，望ましい職業観や勤労観，職業に関する知識や技能を身につけ，自己理解を育み，自分の進路を主体的に選択できる力を育てることとされています。しかし果たして，学校教育の中だけでこの目的は実現するのでしょうか？

　いえいえ！　この目的が本当に実現するためには，家庭生活という基盤が欠かせません。現実感のある生活を通して，年齢に応じた生活スキルを身につけること。家事労働を習慣にし，家族同士で「おはよう」「ありがとう」など"ちょっとした一言"を交わすこと。そして何より，家族がアスペルガー症候群について正しく理解し，本人の心のあり方を尊重して歩み寄ること。こうした家庭での日々の積み重ねがあってこそ，学校教育で行われる「キャリア教

あとがき

育」も効果を発揮し得るのではないでしょうか。タイトルの「新 キャリア教育」という言葉には，「アスペルガー症候群の人たちのキャリア教育は，家庭も含めてデザインされるべし！」という私たちの主張を込めています。

　本書の完成にあたっては，金子書房の加藤浩平氏に大変お世話になりました。また，前述した臨床システムの礎を創られた横浜市総合リハビリテーションセンター副センター長の清水康夫先生，発達障害の人たちに対する深い理解と共感の姿勢の大切さを教えてくださった佐々木正美先生，共編者の本田秀夫先生，この3人の先生方との出会いは，私の心理士人生を大きく変えてくれました。本当に感謝しています。そして，ここまで支えてくれた同僚と家族に，自閉症の息子（私の兄）を苦労して育てあげ，本書の完成を心待ちにしながら他界した母にも，心から「ありがとう」と伝えたいと思います。

　本書を手に取られたご家族にとって，アスペルガー症候群のわが子の幸福な人生を思い描きながら今後の課題を整理し計画を考えるときに，少しでもお役に立つところがあれば，大変うれしく思います。

2013年2月

心理士として日々，発達障害のご本人とご家族に向き合いながら

日戸　由刈

執筆者紹介 (執筆順)

本田　秀夫（ほんだ・ひでお）
編者，信州大学医学部附属病院子どものこころ診療部診療教授

日戸　由刈（にっと・ゆかり）
編者，横浜市総合リハビリテーションセンター「ぴーす新横浜」園長

平野　亜紀（ひらの・あき）
横浜市戸塚地域療育センターソーシャルワーカー

近藤　幸男（こんどう・ゆきお）
横浜市立鴨志田中学校通級指導教室担当主幹教諭

萬木　はるか（ゆるぎ・はるか）
京都市発達障害者支援センター「かがやき」臨床発達心理士

編者紹介

本田　秀夫（ほんだ・ひでお）
信州大学医学部附属病院子どものこころ診療部診療教授。精神科医師。医学博士。
東京大学医学部医学科卒業後，東京大学附属病院精神神経科および国立精神・神経センター武蔵病院を経て，横浜市総合リハビリテーションセンターで約20年にわたり発達障害の臨床と研究に従事。横浜市西部地域療育センター長（兼務），山梨県立こころの発達総合支援センター所長を経て，2014年より現職。日本自閉症協会理事。日本児童青年精神医学会代議員。特定非営利活動法人ネスト・ジャパン代表理事。
主な著書に，『幼児期の理解と支援―早期発見と早期からの支援のために（発達障害の臨床的理解と支援2）』（共編著／金子書房, 2012），『自閉症スペクトラム―10人に1人が抱える「生きづらさ」の正体』（ソフトバンク新書, 2013），『子どもから大人への発達精神医学―自閉症スペクトラム・ADHD・知的障害の基礎と実践』（金剛出版, 2013）など。

日戸　由刈（にっと・ゆかり）
横浜市総合リハビリテーションセンター児童発達支援事業所「ぴーす新横浜」園長。臨床心理士。臨床発達心理士スーパーバイザー。
筑波大学大学院修士課程教育研究科修了後，横浜市総合リハビリテーションセンターで発達障害の人たちへの幼児期から成人期に至るライフサイクルを通じた支援に従事。研究や講演等を通じ，支援プログラムの開発や支援者の育成にも取り組む。論文『4つのジュースからどれを選ぶ？―アスペルガー症候群の学齢児に集団で「合意する」ことを教えるプログラム開発』で第6回「精神科治療学賞」最優秀賞を受賞。
主な著書に，『幼児期の理解と支援―早期発見と早期からの支援のために（発達障害の臨床的理解と支援2）』（共著／金子書房, 2012），『わが子が発達障害と診断されたら―発達障害のある子を育てる楽しみを見つけるまで』（共著／すばる舎, 2011）など。

アスペルガー症候群のある子どものための　新 キャリア教育
――小・中学生のいま、家庭と学校でできること

2013年4月24日　初版第1刷発行　　　　　　　　　　　　　　　［検印省略］
2016年12月26日　初版第8刷発行

編著者	本田秀夫	
	日戸由刈	
発行者	金子紀子	
発行所　株式会社	金子書房	

〒112-0012　東京都文京区大塚3-3-7
TEL 03-3941-0111(代)
FAX 03-3941-0163
振替　00180-9-103376
URL http://www.kanekoshobo.co.jp

印刷　藤原印刷株式会社　　製本　株式会社宮製本所

© Hideo Honda, Yukari Nitto, et al.,2013
Printed in Japan
ISBN 978-4-7608-2168-6　C3037